絵本のひみつ

―絵本の知と読み聞かせの心―

もくじ

イラスト／佳南

はじめに

絵本の読み聞かせで目指すのは、自分自身の命を愛し、他者の命を愛するという心の状態です。それは、「生きている奇跡を尊重し信頼する」という心の状態と言いかえることができます。未来を生きる子どもたちには、ぜひそうなって欲しいと思っています。絵本の読み聞かせが、なぜそのような効果を持つのでしょうか？それは、絵本の読み聞かせが、乳児に対する授乳と類似の刺激だからです。

授乳の時、赤ちゃんは母（養育者）の顔（目）を見つめます。母（養育者）も赤ちゃんの顔（目）を見つめます。この見つめ合いの刺激は、聞き手（読者）が絵本の主人公の顔を見つめる刺激と類似しているのです。また、授乳の時、母（養育者）は、語りかけます。それも高く抑揚を効かせた声（「育児（母親）語」）によってです。絵本を読む時も、この「育児（母親）語」と類似の声が出るのです。授乳ではこの視覚刺激と聴覚刺激が同時に起こります。絵本の読み聞かせでも、視覚刺激（映像）と聴覚刺激（言語）が同時であり、右脳・左脳を同時に活性化するのです。

授乳も絵本の読み聞かせも心地よい時間です。絵本の読み聞かせでも、授乳の時のように、よりそってスキンシップをはかるのが理想でしょう。また、教室等では子どもを前に集めて、子ども同士がスキンシップをはかれるようにするのも一方法です。時には、「ミルキー」等を配ってなめさせておけば、授乳との類似性が高まり、絵本の読み聞かせの効果は絶大なものになります。

さて、絵本の読み聞かせの効果に対する信頼は、私自身が絵本の読み聞かせをしてもらったことにもとづいています。私が絵本の読み聞かせに出会ったのは、中学二年生の時でした。理科の時間に理科の実験室で、若い女性の先生が私達生徒を教卓の周りに集めました。そこで先生が取り出したのは『だるまちゃんとてんぐちゃん』（加古里子作・絵　1967年　福音館書店）でした。その時、「なぜ理科の時間に？」などと詮索することなく、私は絵本の読み聞かせに魅せられてしまいました。その絵本と先生の読み声は、私の心に深く刻み込まれました。今でも、私が、『だるまちゃんとてんぐちゃん』を手に取り、「こんな　うちわじゃ　ないんだけどな」と音読する時には、その時の先生の表情と声とが脳裏に浮かんでいます。人は人からしてもらったことを、無意識のうちに人にしているものなのでしょう。そこに人間の可能性も危険性もひそんでいます。とにかく、絵本の読み聞かせとは、幼児だけではなく、中学生にもそれほど鮮烈な印象を与えるものなのです。『だるまちゃんとてんぐちゃん』が絵と物語とで描き出す、大人が子どもの欲求を肯定してくれる世界、友達が自分を認めてくれる世界、それは、中学生にこそ必要なものだったのかも知れません。

ただし、絵本を読み聞かせた後、「面白かった？」とか「どこが心に残りましたか？」などと、感想を求めてはいけません。「主人公の行動をどう思いますか？」とか「あなたならどうしましたか？」などはもってのほかでしょう。絵本を読み聞かせた後、一度でも感想を求めたり質問したりすると、それが記憶に残り、次の絵本の読み聞かせを心から楽しめなくなります。せっかくの絵本の読み聞かせが、子どもの心の深くに届かなくなるのです。「読みっぱなし」に徹することが肝要です。

絵本とその読み聞かせによって、ことばと大人に対する興味と信頼とを回復し強化することができれば、子どもを健全に成長させる道が開けると確信しています。みなさんも絵本を読んで、その万能とも言える効果をぜひ体験してください。

本書では、絵本の読み聞かせに、なぜそのような万能とも言える効果があるのかについて、絵本の仕掛けと読み聞かせの効果の両面から、そのひみつを考えていきます。

絵本のひみつ
1

まるい大きな正面顔　その一

絵本の主人公は、多くの場合まるい大きな顔の持ち主です。絵本の主人公のまるい大きな顔は、低い目鼻の位置などと合わせて、ベビーシェマと呼ばれ、見る者の心を開き、共感を覚えさせる機能を持ちます。ミッフィーとして知られる『ちいさなうさこちゃん』（ディック・ブルーナ文・絵／いしいももこ訳　1964年　福音館書店）の顔やノンタンの顔などが、その典型でしょう。絵本の主人公は、そのまるい大きな顔で正面を向いて、聞き手（読者）を見つめています（正面性またはフロンタリティー）。まるい大きな顔で、しっかり聞き手（読者）を見ているのです。絵本の中で、ミッフィー（うさこちゃん）が横を向くことはありません。また、大きな耳によってミッフィー（うさこちゃん）の目の位置は、より低く感じられ、その可愛さを倍増させています。そのため、聞き手（読者）は、主人公に心を開きやすくなります。

絵本に限らず、アニメのキャラクターやその他の宣伝キャラクターも二頭身、三頭身のまるい大きな顔（ベビーシェマ）で描かれます。ドラマや映画では、主人公の顔のアップによって、同じ効果をあげようとしているのです。つまり、テレビドラマや映画では、一番多くアップの顔が映る人が主人公です。また、女性歌手や女優さんは、前髪を上げて額を出すことによって、目の位置を低く見せ、ベビーシェマに近づく努力をして、テレビコマーシャルに出ることがよくあります。商品やサービスに対する関心や信頼を無意識に引き出す効果があると考えられます。

なぜ、正面を向いたまるい大きな顔にそのような機能があるのでしょう。

人間の成長発達と顔との関係について、山口真美氏は『赤ちゃんは顔をよむ　視覚と心の発達学』（2003年　紀伊國屋書店）の中で、次のように指摘しています。

「ヒトの赤ちゃんの発達期間は長い。歩けるようになるまで一年、言語で意志を伝えるまで二年近い期間が必要とされる。この長い期間、赤ちゃんがさまざまな機能を発達させていくためには、親の助けが必要となる。赤ちゃんが顔に注目するのは、この長い期間中、親の養育意欲を高め持続させるためと考えられる。」（20～21ぺ）

『ちいさなうさこちゃん』
（1964年　福音館書店）

人間がまるい大きな正面顔に注目し、共感してしまうのは、人間の生存をかけた習性なのです。子どもにとって絵本の主人公のまるい大きな顔は、大人（養育する立場）に成長しようとする本能を刺激すると同時に、乳児期の顔を見つめ合うコミュニケーションの記憶につながっていると言えます。絵本の主人公の顔は、「かわいい」と意識する以上に深く強く登場人物への共感を生成するのです。

絵本のひみつ
2
まるい大きな正面顔 その二

絵本のまるい大きな正面顔のキャラクターに見つめられることは、乳児期の養育者に優しく見つめられた記憶につながっているのです。絵本『にゃーご』(1997年 鈴木出版)の作者宮西達也さんにお目にかかった時、思わず「『にゃーご』を百万部売ります!」と一方的に約束したのも、人間の本能とも言えるようなまるい大きな正面顔の魅力のせいでしょう。

さて、乳児が知覚する顔は、養育者のリアルな顔でしょうか?答えは、NOです。乳児の視力は、生まれたばかりの時は0・01〜0・02、生後半年で0・1程度と言われています。乳児が必死に見つめ、記憶したのは例外なく『はらぺこあおむし』(エリック・カール作/もりひさし訳 1989年改訂 偕成社)に出てくるお月さまのようなまるいぼんやりした顔だったのです。しかも、生まれたばかりの乳児は、色彩知覚が未発達で、白黒の世界を見ています。乳児が見て記憶するのは、まさにミッフィーの顔のような、白い大きなまるに黒い節穴の目の顔なのです。

成長して、養育者の顔を見て反抗できるのは、生まれた時にすべて面倒を見てくれたと記憶している白くてまるくて大きな目をした養育者の顔と、目の前の養育者の顔とが違うからかもしれません。

また、女性が化粧で目指すのは、「肌はより白く、目はより大きくぱっちりと!」でしょう。まさに、乳児期の愛された顔の記憶にもとづく行為と考えられます。女性は、自分を愛してくれた顔に少しでも近づくことで、人と会ったり、仕事に出掛けたりする勇気を得ているのかもしれません。それで、男性も白く、目が大きな女性の顔を好む傾向があるのでしょう。京都の舞妓さんや芸妓さんのお化粧がその典型例です。

異性に好まれる顔かどうかは別にして、養育者は、例外なくミッフィーのような白くてまるくて目のくりくりと可愛い顔として、乳幼児に愛され、記憶されるのです。子どもと養育者との愛情関係に、現実の顔の優劣は、全く存在しないということです。養育者は、乳幼児の顔を見つめれば見つめただけ、最も愛すべき顔として乳幼児に記憶されるのです。

絵本が、人の心を癒すのは、誰もが思い出せない深い記憶の中に持っている、養育者に優しく見つめられた経験があるからです。その経験と類似の心地よさを、まるい大きな正面顔を持つ絵本のキャラクターが与えてくれるのです。

余談ですが、フランス語でローブデコルテと呼ぶ服装があります。胸元が大きく開いた女性の正装ドレスです。女性の胸元や鎖骨こそ、授乳という幸せな時間に、0・01〜0・02の視力で見ていた原風景なのでしょう。つまり、私たちは、乳児期の思い出せない記憶に支配されていることが多いのです。

『はらぺこあおむし』
（1989年改訂　偕成社）

絵本のひみつ
3

主人公の立ち位置　その一

宮西達也さんの絵本『にゃーご』（1997年　鈴木出版）は、ねこがねこの怖さを知らない三匹の子ねずみに出会い、子ねずみたちの無邪気さや優しさに感動し、結局、子ねずみを食べられなくなるといったお話です。

絵本『にゃーご』の表紙には、赤い口をあけたねこのまるい正面顔が、大きく描かれています。このまるい大きな正面顔は、前にお話したように、乳児期の顔を見つめ合う幸せなコミュニケーションの記憶につながっているのです。ですから、恐怖心よりも、このねこに対する興味関心が引き出される仕掛けになっていると言ってもよいでしょう。絵本の表紙のまるい大きな正面顔には、主人公に対する共感を引き出す効果があるのです。また、ねこの手が、手先に行くほど細く小さく描かれていることも、恐怖心を感じさせない仕掛けです。子どもは、顔の次に手足に注目するからです。事実、子どもは三歳ぐらいになると、まるい正面顔から手足だけが出ている「頭足人」を描きます。

さて、絵本を読み進めていきましょう。主人公のねこ（＝たま）は、どこに立っているでしょうか？それは、絵本を開いた画面の左側です。実は、絵本の主人公の立ち位置は左側なのです。これは、映画でも、テレビドラマでも、アニメでも基本的に同じです。画面の左側（左上）が、人間の視線の基点であり、左上にある顔に注目しやすいのです。文字も左上から右下に向かって書きます。絵本の主人公の立ち位置は基本的に左側です。ですから、主人公の顔は注目しやすい左上に来るのです。絵本の主人公のまるい大きな正面顔と合わせて、主人公の立ち位置は、絵本を見る人の共感を引き出す仕掛けなのです。

人間の視点の基点が画面の左側（左上）と書きましたが、人間の視線は、左上からアルファベットのZ型に、右下に動くのです。アルファベットの書き順も、漢字の書き順も、基本的には左上から右下です。そのため人間は、画面左上のものを有利に感じたり、画面右下のものを不利に感じたりするのです。『にゃーご』の場合、3分割法に当てはめてみると、ねずみを食べる優位な立場のねこが左に描かれます。つまり、顔が左上に来るわけです。その反対に、ねこに食べられる弱い立場のねずみたちは右下に描かれることになります。ねこの顔は、ほぼ左に来るように描かれています。このことによって、聞き手（読者）は、ねこの顔を注視しやすくなります。ねこの顔を画面の左側に描くことは、ねこの心理に共感しやすくするためのひみつです。

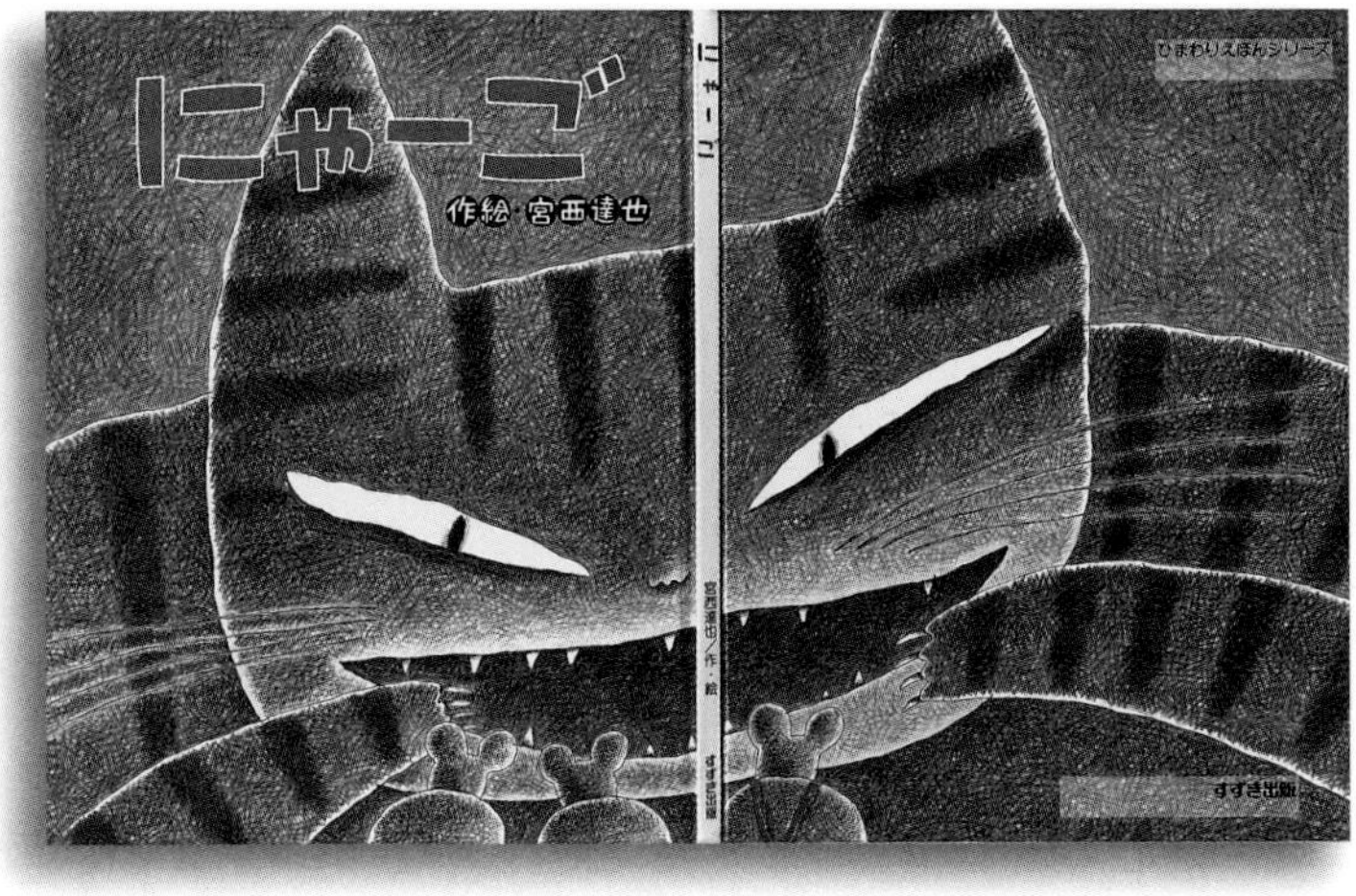

『にゃーご』
（1997年　鈴木出版）

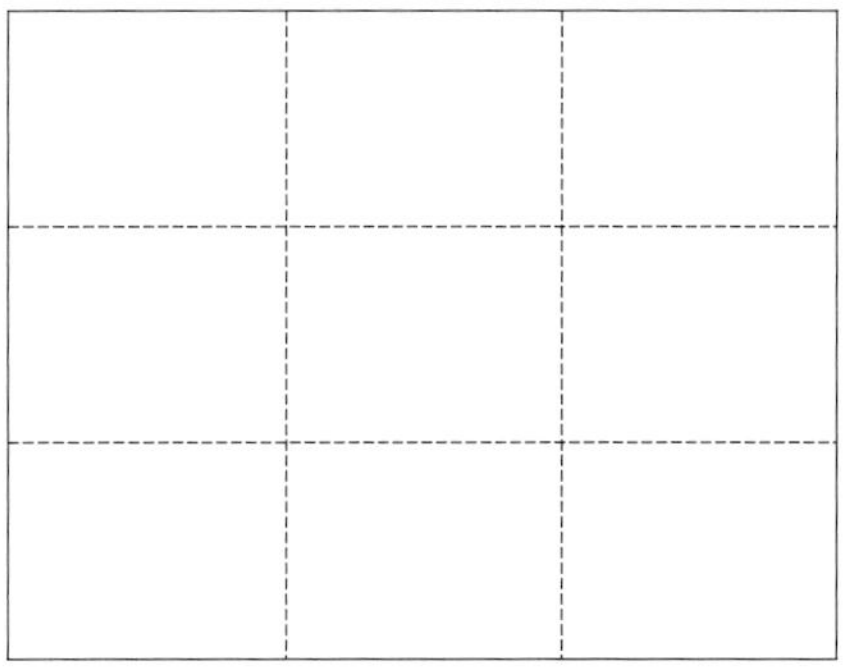
〈3分割法〉

絵本のひみつ 4

主人公の立ち位置 その二

「主人公の立ち位置 その一」では、絵本の主人公の立ち位置が画面の左側であり、自然に主人公の顔が左上に配置され、見る者の注視と共感とを引き出すことを説明しました。しかし、絵本の主人公の立ち位置が画面の左側というのは、あくまで原則で、例外はたくさんあります。まぐろに追われ、右下に小さく描かれるスイミーは、その典型例でしょう。

さて、ねずみくんの絵本(作・なかえよしを/絵・上野紀子)をご存じの方は多いのではないでしょうか。「ねずみくんシリーズ」の第二作は、『りんごがたべたいねずみくん』(1975年 ポプラ社)です。ねずみくんは、木になっているりんごが食べたいのですが、体が小さくてりんごが取れません。他の動物たちは、自分の特技(猿なら木登り、カンガルーならジャンプ)を使って次々にりんごを取っていきます。そこへあしかくんがやってきて、ねずみくんをボールのように跳ね上げてくれます。やっとねずみくんもりんごが取れました。

初め、ねずみくんは、画面の右下に小さく描かれます。つまり、りんごが取れないという不利な立場を感じさせる仕掛けです。最後の見開きは、ねずみくんが木の上でりんごを一つ持ち、もう一つのりんごをあしかくんに投げている絵が描かれています。見開き全体では、ねずみくんの位置は左上になります。ねずみくんの願いが叶った、つまり、有利な立場になったことを感じさせる仕掛けです。まだことばの理解が不十分な幼児でも、りんごを取ったねずみくんの絵とその配置の変化によって、絵本のメッセージを受けとめることができるのです。もちろん絵本の鑑賞は、読み聞かせが原則です。このように主人公の立ち位置の変化も絵本の重要なひみつです。

国語教育の神様と言われる大村はま先生は、中学生に『りんごがたべたいねずみくん』を読み聞かせたそうです。その時、一番前にすわっていた男の子が「ねずみくんて、ぼくみたい…」とつぶやいたとか。絵本とその読み聞かせには、中学生にも身につまされるような共感を引き起こす可能性があります。

また、「どれも　ぼくには　できないや……」とあしかくんも一人ではりんごが取れません。りんごが取れない同士が協力してりんごを取るところに、この絵本の良さがあります。

もう一つ『りんごがたべたいねずみくん』で大切なのは、りんごです。赤色ということも見る者の注視を引き出す要素ですが、木の左側に三つならんでいる真ん中のりんごから無くなっていくことに、ねずみくんの気持ちを聞き手（読者）が自分のことのように感じるひみつがあります。さあ、絵本を手に取って、りんごが無くなっていく順序を確かめてみてください。

『りんごがたべたいねずみくん』
（1975年　ポプラ社）

絵本のひみつ 5

色彩のひみつ その一

絵本では、主人公が赤い体であったり、赤い服を着ていたり、赤い何かを持っていたりというように、赤が中心的存在として用いられることが多くあります。この前に取り上げた『りんごがたべたいねずみくん』(作・なかえよしを/絵・上野紀子 1975年 ポプラ社) のりんごや、「はじめに」で取り上げた『だるまちゃんとてんぐちゃん』(加古里子作・絵 1967年 福音館書店) のだるまちゃんなどは、その典型的な例でしょう。アニメでも主人公の多くは、赤い服を着ています。スポーツドラマでは主人公のチームのジャージとユニフォームが赤だったりします。皆さんも思い当たるアニメやドラマがたくさんあると思います。

赤は一番目立つ色であり、注目しやすい (誘目性が高い) 色です。信号機も「止まれ」という最も見落としてはいけない色が赤です。色彩の赤に「止まれ」という意味があるわけではありません。スペインの闘牛士が使っている布は赤です。あれは、赤い布で牛を興奮させ、突進させようとしているのです。しかし、牛は赤を知覚できないそうです。人間が赤を見て興奮するので、牛もそうだろうと勝手に推測したのでしょう。

また、赤は白とのコントラストで最も目立ちます。赤白の配色は、りんごやだるまちゃんのように絵本の中心的存在を赤、背景を白というように使われたり、題名を赤、ふちどりを白という具合に使われます。国旗日の丸も同じ仕掛けです。カラオケの字幕も赤で、歌う箇所になると白の縁取りが入るようになっているものが多くあります。一度、カラオケの字幕をよく見てください。交通標識も赤白の組み合わせが多いし、広告の看板などもこの組み合わせが多く用いられています。

赤ちゃんが、生まれて最初に知覚する色は、赤だと言われています。なぜ、赤ちゃんがいち早く赤を知覚するかについては、色々な説があります。赤が血の色だからとか、樹上で木の実を食べていた時代から緑の中の赤い実を見つける能力が発達したのだとか…。

いずれにしても、赤は人間の生存にかかわる色であり、心拍数を増やし血圧を上げ、人間から興奮を引き出します。血圧が下がっていては、何事にも集中できません。

自動販売機の色が赤かったり、「大売り出し」や「バーゲンセール」の文字が赤かったりするのも、お客さんの血圧を上げ、興奮を引き出し、購買意欲を高めるための作戦です。

また、心拍数が高い時の経験ほど、長期間記憶されるそうです。絵本における赤の使用は、子どもを絵本とその読み聞かせに集中させ、心に刻み込ませる重要なひみつです。では、赤ちゃんが二番目に知覚する色は何でしょう?

次にそのお話をします。

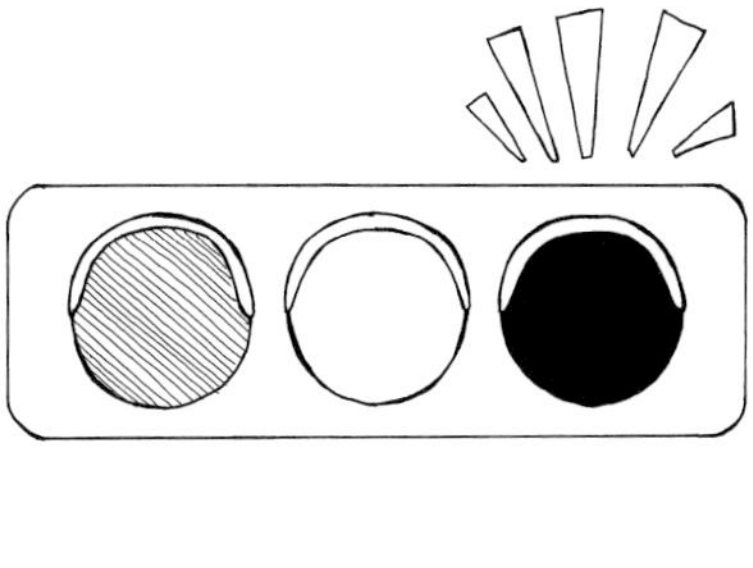

絵本のひみつ

6

色彩のひみつ　その二

「色彩のひみつ　その一」で、赤ちゃんが生まれて最初に知覚する色は、赤だと言いました。赤は人間の生存にかかわる色であり、心拍数を増やし血圧を上げ、人間から興奮を引き出します。多くの絵本で主人公に用いられる赤は、子どもを絵本とその読み聞かせに集中させる重要なひみつであることを指摘しました。

では、赤ちゃんが二番目に知覚する色は何でしょう?それは、青です。赤ちゃんは、まず興奮色である赤を知覚し、次に鎮静色である青を知覚するのです。人間の色彩知覚の発達は、優れたバランスを持っていると言えます。この赤=興奮、青=鎮静を最も効果的に用いている絵本の一つに『ぐりとぐら』(中川李枝子・文/大村百合子・絵　1963年　福音館書店)があります。

「絵本のひみつ3　―主人公の立ち位置　その一―」でお話したように、画面の左側が人間の視点の基本なので、左にあるものに注目しやすいのです。とすれば、『ぐりとぐら』の場合、左側に立っている「ぐり」が主人公ということになりそうです。しかし、色彩としては、左側の「ぐり」の青い服より、右側にいる「ぐら」の赤い服の方が目立ちます。立ち位置では、「ぐり」が主人公、色彩的には「ぐら」が主人公…。つまり、『ぐりとぐら』は「ぐり」と「ぐら」との両方が主人公である物語なのです。また、「ぐり」の青い服は、まじめな「ぐり」の性格を表しています。「ぐら」の赤い服は、お調子者の「ぐら」の性格を表しています。本文をよく読むと、その性格の違いがうまく描かれていることがわかります。「おなべは　おおきくて、りゅっくさっくに　はいりません。」そこで「ぐり」は、まじめに「しかたがない。ひっぱって　いこう」と言います。しかしお調子者の「ぐら」は「しかたがない。ころがして　いこう」と、遊びに変えてしまいます。

このように、「ぐり」と「ぐら」は、異なる個性をもったキャラクターとして描かれているのですが、大人は案外気づきません。しかし、「ぐり」と「ぐら」の絵をしっかり見つめている子どもたちはそれを口にしなくても、「ぐり」と「ぐら」の個性の違いを理解しているものです。

『ぐりとぐら』
（1963年　福音館書店）

次に、「絵本のひみつ1　―まるい大きな正面顔―」でお話したことを思い出してください。絵本が子どもの心を開き、大人の心も癒す最大のひみつは、そのキャラクターのまるい大きな正面顔であることを指摘しました。しかし、『ぐりとぐら』には、まるい大きな正面顔は描かれません。それどころか、表紙には、「ぐり」と「ぐら」の横顔が描かれています。なぜでしょう?それは、「ぐり」と「ぐら」の二人と同時に目が合うための仕掛けなのです。これも「ぐり」と「ぐら」をともに主人公として受け入れるための重要な仕掛けです。

絵本のひみつ 7

色彩のひみつ その三

赤ちゃんが、生まれて最初に知覚する色は赤でした。赤ちゃんが二番目に知覚する色は青でした。赤ちゃんは、まず興奮色である赤を知覚し、次に鎮静色である青を知覚するのです。人間の色彩知覚の発達は、優れたバランスを持っています。この赤=興奮、青=鎮静を最も効果的に用いている絵本の一つに『ぐりとぐら』（中川李枝子・文／大村百合子・絵　1963年　福音館書店）があることは、前にお話しました。赤→青ときましたから、色の三原色で残った黄色のことを、『ぐりとぐら』を用いてお話します。

黄色は、風水でもお金が貯まる色と言われ、世界的にも幸福色と認識されることが多い色彩です。「幸せの黄色いハンカチ」という表現は、的を射ています。

では、『ぐりとぐら』の表紙を見てみましょう。青い服を着たまじめな「ぐり」と赤い服を着たお調子者の「ぐら」が、仲良く黄色いかごを持っています。それは、個性の違う者同士（青・赤）が幸福（黄色）を分かち持つことを暗示しています。白い背景から浮かび上がる青→黄→赤は、極めてよく目立ち注目を集めます。それは、目立つだけでなく、人間社会のあるべき姿を暗示しているのです。ちなみに、信号機も青→黄→赤で、『ぐりとぐら』の表紙と同じ並びになっています。

また、赤とバランスの良い色（補色）は緑です。「ぐり」と「ぐら」の両側には、はたして緑の木が配されています。青とバランスの良い色（補色）はオレンジです。実は、ねずみなのにねずみ色でない「ぐり」と「ぐら」の体の色がオレンジなのです。実に、この表紙は色彩のバランスの世界を構成していると言えます。

さて、この個性の違う「ぐり」と「ぐら」が協力して作ったのは、大きな大きな大きなカステラ（＝大きな大きな黄色＝大きな大きな幸せ）です。二人は、この大きな大きなカステラ（＝幸せ）を森の仲間に分けます。「けちじゃないよ　ぐりとぐら　ごちそうするから　まっていて」というわけです。

実に『ぐりとぐら』は色彩によって、「個性の違う者同士が協力して大きな幸せをつくり、みんなに分ける」という人間社会のあり方を伝えているのです。それを子どもに読み聞かせて、大好きにしてしまうことの意義の大きさははかりしれません。

さらに、「このよで　いちばん　すきなのは　おりょうりすること　たべること」とあるように、カステラを作ることに、全く自己犠牲を伴っていないところに『ぐりとぐら』の絵本として優れた点があると思います。反対に自己犠牲を伴うヒーローは『あんぱんまん』（やなせたかし作・絵　１９７６年　フレーベル館）でしょう。

個性の異なる仲間と協力し、自分の大好きなことを追求し、まわりの人々と幸せを分かち合えたら、なんと素晴らしいことでしょう。

『あんぱんまん』
（1976年　フレーベル館）

絵本のひみつ 8

色彩のひみつ その四

話は前後しますが、では、赤ちゃんが三番目に知覚する色は、何でしょう?それは、光の三原色である赤・青・緑のうちの緑です。

実は、多くの絵本が、色の三原色である赤(マゼンタ)・青(シアン)・黄(イエロー)と、赤の補色でもある緑によって描かれているのです。

ミッフィーとして知られている『ちいさなうさこちゃん』(ディック・ブルーナぶん・え/石井桃子やく 1964年 福音館書店)の表紙には、ミッフィーのまっ白なまるい大きな正面顔が描かれています。このミッフィーの顔こそ、思い出すことのできない深い記憶の底に、誰もがしっかり記憶しているお母さん(養育者)の顔なのです。

このミッフィーの顔は、赤ちゃんが最初に目にする世界なのです。次に、ミッフィーは赤色(オレンジ色)の服を着ていることが目に入ります。赤は、赤ちゃんが最初に知覚する色彩です。ミッフィーの背景は、青です。青は赤ちゃんが二番目に知覚する色彩です。この絵本の表紙を見ることは、私たちがこの世に生を受け、目にした世界を復習することになります。本文の最初の絵の背景色は、赤の補色である緑が使われています。白黒→赤→青→緑という、人間の色彩知覚の順序に絵本が描かれているのです。このことが自己肯定感につながり、色彩的にも人間を無意識のうちに癒す仕掛けを持っているのです。もちろん『ちいさなうさこちゃん』の1ページ目の絵には、黄色も使われています。『ちいさなうさこちゃん』は、まず、赤（ただしオレンジ色：オレンジ色は、ブルーナの国オランダでは、ナショナルカラーです。）・青・緑・黄の4色で描かれているのです。

他の例では、エリック・カールの代表作『はらぺこあおむし』（もりひさし訳　１９８９年改訂　偕成社）も、表紙をよく見ると赤・青・黄・緑の4色で描かれていることがわかります。

緑の表紙の絵本としては、『チリンのすず』（やなせたかし作・絵　１９７８年　フレーベル館）はおすすめの一冊です。

『チリンのすず』
（1978年　フレーベル館）

私の好きな絵本『がたん　ごとん　がたん　ごとん』（安西水丸・作　１９８７年　福音館書店）は、蒸気機関車が、何の躊躇もなくすべての乗客を受け入れるというメッセージを伝えるために、鎮静色の青は一切使われていません。乗客は、ほ乳瓶→カップとスプーン（離乳食）→りんごとバナナ（固形食）→ねことねずみ（お友達）の順に乗ります。つまり、赤ちゃんの発達の順序になっているのです。

他に、いわば「行け行けどんどん！」の『ありとすいか』（たむらしげる作　１９７６年　福音館書店　２００２年　ポプラ社）にも、鎮静色の青は一切使われていません。

赤・青・黄・緑の用い方と組み合わせこそ、絵本の色彩のひみつなのです。

絵本のひみつ 9

色彩のひみつ　その五

赤・青・黄・緑の用い方と組み合わせこそ、絵本の色彩のひみつなのだと言いましたが、最近は自動車の色としてもよく見るようになったピンクも、絵本でよく使われる色彩です。ピンクとはいったいどんな色彩でしょうか？

生まれたばかりの赤ちゃんは、0・02程度の視力で、しかも白と黒の区別しかできません。そして、最初に知覚できるのが赤ということになります。これは、人間の網膜にある光を受けとめる細胞＝錐体視細胞（赤錐体・青錐体・緑錐体）のうち、赤錐体が一番多いことによります。

さて、赤ちゃんには、赤がいきなりはっきりと見えるのでしょうか？そんなことはないでしょう。その視力からいっても、ぼんやり赤っぽいものが見えてくると考えた方が自然でしょう。ぼんやり赤っぽいもの、たぶんピンクやオレンジのような色彩が、最初の色彩の記憶、お母さん（養育者）の色の記憶となるのではないでしょうか。小さな女の子はピンクを好みます。「何色の色紙が欲しいの？」と聞けば、多くの場合ピンクを選ぶでしょう。男の子も案外ピンクを好むものです。ピンクは、お母さん（養育者）の色なのです。

さて、やなせたかしさんの絵本で、私が大好きな三冊を、私は勝手に「やなせたかしの絵本三部作」と呼んでいます。『やさしいライオン』（1975年　フレーベル館）、『あんぱんまん』（1976年フレーベル館）、『チリンのすず』（1978年　フレーベル館）がそれです。すべて読んでいただきたい素晴らしい絵本ですが、そのうち、育ての母である犬を思慕するライオンの物語『やさしいライオン』は、ピンクの表紙です。本文でも母との記憶はピンクに染まっています。母の物語＝ピンクの物語になっているのです。まず、表紙の背景がピンクです。最初の絵の背景は青です。次がまたピンクの背景です。三枚目は白の背景です。次がまたピンクの背景です。このように交互に三回繰り返されるピンクによって、聞き手（読者）は、無意識に母（養育者）に愛された深い記憶にさかのぼっていくのでしょう。それは、育ての母と離ればなれになったライオンが、夜、母を思い出すシーンで使われたピンクによって、母を思い出すライオンの感情は、そのまま聞き手（読者）の心に流れ込んでくる仕掛けになっているのです。

『やさしいライオン』
（1975年　フレーベル館）

ピンクの服、ピンクのハンカチ、ピンクのペンケース…には、養育者との愛の記憶が詰まっています。全ての偶然は、必然なのかもしれませんね。

ピンクの絵本といえば、『うさぎのくれたバレエシューズ』（安房直子文／南塚直子絵　1989年　小峰書店）も、お勧めの一冊です。桜の季節には、玄関やお部屋のインテリアとしてぜひ飾っていただきたい絵本です。

絵本のひみつ 10

絵本モンタージュ その一

主人公のまるい大きな正面顔とその配置、色彩の仕掛けだけなら、一枚の絵画と変わりません。絵本のひみつの核心は、複数の絵画を組み合わせることによって生じる絵本モンタージュにあると言えます。長谷川集平氏は、絵本のめくりの効果について次のように述べています。

「ぼくたちが絵本をめくった時には、1見開きの2ページ分の絵だけが目に入ってくる。ページをめくると、さっき見てた絵はなくなっちゃう。今度の2ページ分の絵が目に入ってくる。全部の絵を同時に見ることはできない。いちどに見られるのは1つの画面の絵なんです。ぼくらが絵本を見るってことは、そうやって1見開きずつの絵を見ながら頭の中で絵本全体を認識していくことにほかならないわけです。これがめくる効果の正体なんです。だから思った以上にイメージの仕事なんですね、絵本を読むってのは。」（『絵本づくりトレーニング』1988年 筑摩書房 10ぺ）

従来の研究を総括すれば、絵本モンタージュとは、一枚の絵画を見るだけでは得られないイメージや心理的効果を、複数の絵画を組み合わせること（主に、めくることによる残像効果）で、聞き手（読者）に得させる仕掛けなのです。

例えば、『だるまちゃんとてんぐちゃん』（加古里子作・絵 1967年 福音館書店）であれば、赤いだるまちゃんが、白いてんぐちゃんに対して、表紙以外全ての見開きにおいて左側に描かれる絵を組み合わせることによって、聞き手(読者)を主人公のだるまちゃんに共感させ、子ども(だるまちゃん)の欲求を大人（だるまどん）が、全面的に肯定してくれるという感覚を味わわせる仕掛けになっています。同時に、友達(てんぐちゃん)が自分(だるまちゃん)を認めてくれるという感覚も味わうことになります。

前に取り上げた『にゃーご』（宮西達也作・絵　1997年　すずき出版）であれば、ねこ（たま）のまるい大きな正面顔を、左側（左上）に描く絵を組み合わせることによって、聞き手（読者）をねこ（たま）に共感させ、食べようとしたねずみがついに食べられなくなるというねこ（たま）の葛藤を共有しやすくなる仕掛けになっています。

『だるまちゃんとてんぐちゃん』
（1967年　福音館書店）

絵本の読み聞かせでは、物語とあいまって、絵本モンタージュの仕掛けによって、主人公の心理を強く・深く体験することが可能です。聞き手（読者）は、絵本の主人公の体験を、自分のことのように身につまされてイメージし、自分のなかにある優しさに気づいたり、自分が本当にしたいことに気づいたりすることができます。絵本モンタージュこそ、絵本を自分を映す鏡にする仕掛けです。その鏡は、自分さえ気づかないような、自分の強さや弱さ、美しさや醜さを映し出し、自分のあるべき姿を教えてくれるひみつの鏡です。

絵本のひみつ 11

絵本モンタージュ その二

みなさんは『かいじゅうたちのいるところ』（モーリス・センダック作／神宮輝夫訳 1975年 冨山房）をご存じでしょうか。先頃アメリカで映画化され、日本でも話題になりました。いたずらをして、お母さんにベッドルームに閉じこめられたマックス少年が、夢の中でかいじゅうたちの世界へ旅をするお話です。ここではこの『かいじゅうたちのいるところ』を取り上げて、絵本モンタージュのお話をします。

作者のセンダックは子どもの頃、ニューヨークのブルックリンに住んでいたのですが、日曜日になると親類がやってきたそうです。センダックは、自分の家の食べ物が食い尽くされるように思い、その親類たちを嫌っていました。『かいじゅうたちのいるところ』に出てくるかいじゅうの多くは、その親類をモデルにしているのでしょう。特に表紙のかいじゅうは、台所に隠れていたセンダック少年に「たべちゃいたいくらいかわいいねえ！」（『センダックの世界』1982年 岩波書店 88ぺ）と恐ろしいことを言ったおじさんがモデルなのかもしれません。

さて、肝心のモンタージュですが、内表紙の左画面に大きく描かれたまるい大きな顔を持った2匹のかいじゅうに注目してください。この二頭身半のかいじゅうをよく見ると、左側のかいじゅうがお母さん、右側のかいじゅうがお父さんとして描かれていることがわかります。（疑われる方は、先の『センダックの世界』に掲載されているセンダックの家族の写真をご覧ください。）このお父さんとお母さんの2匹のかいじゅうの登場のさせ方が、実は絵本モンタージュになっているのです。

主人公の少年マックスが、かいじゅうたちのいるところ（島）に到着した時、出迎えているのが、実は内表紙に大きく描かれていたお父さんとお母さんのかいじゅうです。その他のかいじゅうは、マックスが自分で描いたかいじゅうと（階段の壁に飾ってあります。）、白い飼い犬だと思われます。その後、マックスは、お父さんとお母さんたちのかいじゅうと楽しく遊んでいます。しかし、マックスを見守っていたお父さんとお母さんが、画面から消えると、マックスは急に寂しくなって、お母さんに閉じこめられたベッドルームに戻ることを決意するのです。つまり、『かいじゅうたちのいるところ』の絵本モンタージュの仕掛けとは、お父さんとお母さん（かいじゅう）が登場する絵と、お父さんとお母さん（かいじゅう）がいない絵とを組み合わせることで、子どもに親の存在の大切さを改めて納得させるものなのです。

しかも、子どもの空想や夢を実現させる過程をふまえた上で、親として子どもに抱いて欲しい感情を獲得させている点で、優れた絵本と言えるでしょう。

『かいじゅうたちのいるところ』
（1975年　冨山房）

絵本のひみつ 12

絵本モンタージュ その三

絵本の絵の中には、額縁のような枠のあるものがあります。この枠には、主人公の物理的・心理的制約や制限を表すことがあるとされています。その典型的な例の一つに、アンソニー・ブラウン作／藤本朝巳訳の『どうぶつえんZOO』（2003年 平凡社）があります。

さて、『かいじゅうたちのいるところ』（モーリス・センダック作／神宮輝夫訳 1975年 冨山房）は、枠の絵本モンタージュを効果的に用いた絵本でもあるのです。そこで、もう一度『かいじゅうたちのいるところ』を取り上げて、絵本モンタージュのお話をします。

本文の最初の絵は、画面の中央に描かれ、周りは空白の枠になっています。本文に「ある ばん、マックスは おおかみの ぬいぐるみを きると、いたずらを はじめて」とあることに対応して、この枠は、主人公のマックスが精神的な制約・ストレスを抱えていることを表しています。子どものいたずらとは、子どもが何らかの精神的な苦痛やストレスをかかえていることを訴えているのでしょう。見開きごとに絵は拡大していきます。逆に、枠の面積は減少していきます。そして「かべが きえて、あたりは すっかり もりや のはら。」になった見開きで、枠の空白部分は消えるのです。つまり、主人公マックスを閉じこめていた部屋が消えたことが、この枠の消滅によっても表現されているのです。マックスを閉じ込めていた部屋が消滅したことを、「物語」と「絵」と「枠の消滅」の三つの要素によって、聞き手（読者）に訴えているのです。
さらに絵は拡大を続けます。左右の画面いっぱいに絵が広がった後、絵は画面の下方向へ拡大します。印刷の不具合ではなく、絵は少しずつ下に拡大しているのです。ついに「かいじゅうおどり」の場面で、見開きから完全に空白は消えます。三日月だった月も満月になります。つまり、主人公マックスが、精神的な制約・ストレスから完全に解放されたことが表現されているのです。後半は、前半の逆順に、絵が縮小していきます。しかし、お母さんに閉じこめられた部屋の絵には、枠がありません。月も満月のままです。これは、物理的には部屋に閉じこめられたままなのですが、心理的には、母親の愛を受け入れて、ストレスから解放された穏やかな状態にあることを表しています。枠の縮小↓消滅↓拡大↓消滅を使った見事な絵本モンタージュと言えます。

『どうぶつえんZOO』
（2003年　平凡社）

つまり、『かいじゅうたちのいるところ』の絵本モンタージュの仕掛けの効果とは、「まるい大きな正面顔の有無」＋「配置の変化」＋「枠の消滅」＋「月の満ち欠け」などの絵本モンタージュを複合的に用いることで、子ども自身のイマジネーションによって、子どものストレスを解消しつつ、同時に、親の存在の大切さを改めて納得させるものなのです。

絵本のひみつ 13

絵本モンタージュ その四

11ぴきのねこが、コロッケ屋をはじめます。コロッケ屋は大繁盛。しかし、次第に売れ残るようになり、ねこたちは毎日売れ残りのコロッケを食べることになります。そこへ旅のあほうどりが1羽やってきます。鳥の丸焼きを想像して、ねこたちは舌なめずり。聞くと11羽の兄弟だといいます。ねこはあほうどりの兄弟を狙って気球であほうどりの国へ出かけます。しかし、11羽目のあほうどりは巨大だったのです。ねこたちは鳥の丸焼きどころではなくなり、あほうどりのためにコロッケを作ることになります。『11ぴきのねことあほうどり』（馬場のぼる作・絵　1972年　こぐま社）は、こんなお話です。

物語の解釈は、多様にできるでしょう。ねこの立場から考えれば、人生はままならない、立場は逆転するものだということになります。あほうどりの立場から考えれば、ピンチは脱することができる、立場は逆転するものだといったところでしょうか。

さて、映像の画面の中で、左右では、左を有利、右を不利に感じる傾向があり、上下では、上を有利、下を不利に感じる傾向があることは前に述べました。『11ぴきのあほうどり』は、有利・不利と立場は逆転するものだ。そんなことを伝えています。それはことばで語られる物語そのものや、巨大なあほうどりの登場によって明らかですが、さらに、そのメッセージを強く聞き手に届ける仕掛けが登場人物の配置にあります。つまり、11ぴきのねことあほうどりの立っている位置が、徐々に左右逆転するのです。

これが、画面配置を利用した絵本モンタージュの仕掛けです。初めのうちは、ねこ（左側＝有利）対あほうどり（右側＝不利）の画面配置で描かれ、やがて配置が逆転していき、最後は、完全にあほうどり（左側＝有利）対ねこ（右側＝不利）の画面配置で描かれています。

また、「立場は逆転する」「ピンチは脱することができる」というメッセージを、より強く聞き手（読者）に届ける仕掛けが色彩にあります。

『11ぴきのねことあほうどり』
（1972年　こぐま社）

前半の色彩は、「ピンク／黄色」と「エメラルドグリーン／オレンジ」の組み合わせの規則的な繰り返しです。この意識されない色の組み合わせの繰り返しが、メッセージを強化する（催眠誘導）効果を持つと考えられます。

さらに、あほうどりが登場する見開き5から続く、あほうどりの「くちばしと足」の「黄色とオレンジ」との交互変化は、無意識のうちに視覚を通して知覚され、心地よさを味わわせることになり、読者（聞き手）を物語世界に引き込んでいくと考えられます。背景には意識を払わない子どもでも、ねこたちに食べられるかも知れないあほうどりには注目するでしょう。これが『11ぴきのねことあほうどり』の、色彩を利用した絵本モンタージュの仕掛けです。

絵本のひみつ
14
絵本モンタージュ その五

林明子さんには、素晴らしい絵本がたくさんありますが、私が特に推薦したいのは、林明子さんが文も絵も手がけた『こんとあき』（1989年 福音館書店）です。あきちゃんは、ぬいぐるみのこんと一緒に大きくなります。でもある日、こんの腕がほころびてしまいます。そこで、こんを作ってくれたおばあちゃんの住む砂丘町目指して、こんとあきの大冒険がはじまります。みなさんも成長をともにしたぬいぐるみや人形などとの思い出がおありではないでしょうか。

さて、『こんとあき』も様々な絵本モンタージュの仕掛けによって構成されています。まず紹介したいのは、一場面の中でモンタージュが仕組まれている場面内モンタージュです。これまでの絵本モンタージュは、場面と場面との組み合わせによるモンタージュ、つまり、「場面間モンタージュ」でした。

『こんとあき』の6ページには、左上から右下にかけて、こんとあきとが描かれた4つの絵が並べられています。絵には、寝ている赤ちゃんのあき→はいはいするあき→立っているあき→双眼鏡をのぞくあきというように、あきの成長が描かれています。同時に、赤ちゃんの時の絵は、こん（左上=有利）対あき（右下=不利）という構図で描かれ、成長した右下の絵では、あき（左上=有利）対こん（右下=不利）という構図で描かれ、あきの成長による立場の逆転が示されています。このように一場面の中で複数の絵を組み合わせることで、あるイメージやメッセージを伝える仕掛けが、「場面内モンタージュ」です。

『こんとあき』に用いられているその他の絵本モンタージュとしては、列車の進行方向の変化があります。この絵本の中で、基本的に列車の進行方向は左↓右です。しかし、12ページから14ページ、こんが駅弁を買うために、列車から降りたまま戻って来ずに、あきがひとりぼっちになるという緊迫した場面で、列車の進行方向が、右↓左に変えられています。見逃してしまいそうですが、こんがお弁当を買うためにホームにいる場面から、列車の進行方向は、右↓左に変えられているのです。この進行方向の変化には、主人公が困った状況に陥るなど、読者に心理的不安を生じさせる効果があります。それは、左↓右が人間の自然な視線の動きであり、絵本の絵も左↓右の動きが違和感なく聞き手（読者）に受け入れられるのです。

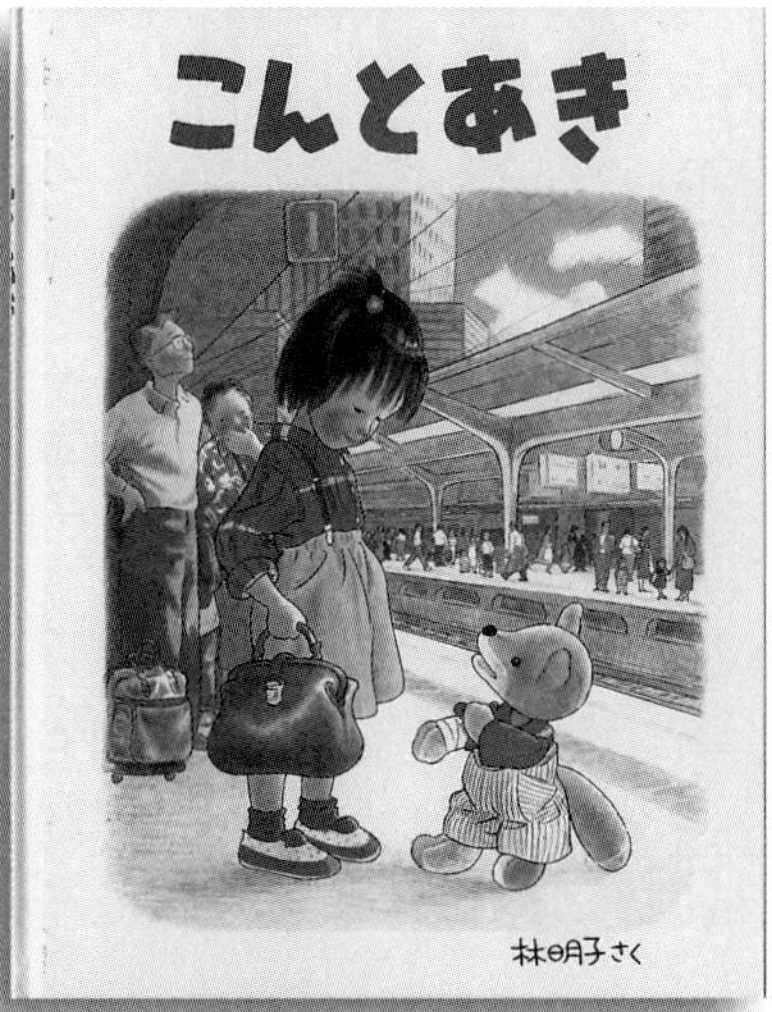

『こんとあき』
（1989年　福音館書店）

また、砂丘のシーンで、時間経過とともに背景が暗くなるのは、あきの不安と連動しています。この不安は、最後のお風呂のシーン、幸せの黄色に救われるのです。これは色彩の組み合わせによる場面間モンタージュです。『こんとあき』ぜひ、一家に一冊お備えください。

絵本のひみつ
15

右脳と左脳

乳幼児は絵本の文字を読むことができません。そこに大人が絵本を読んであげる必然性があります。しかし、文字を習得していたとしても、子どもが自分で絵本を読む場合、絵と文字とに同時に注目することは困難です。当然ですが、子どもは、物語を読んでいる間、絵に集中することができないのです。福音館書店の松居直氏が「絵本は、子どもに読ませる本ではなく、〝大人が子どもに読んであげる本〟であること」（パンフレット『絵本の与えかた』14ぺ）と言うように、絵本の読み聞かせこそ、子どもが絵本の絵と物語とを全く同時に受けとめることを可能にするのです。そこに学齢に達した子どもにも絵本を読み聞かせる必要性があるのです。

さて、脳が情報を処理するシステムとして、右脳が音楽や映像イメージを処理し、左脳が言語や数値を処理すると言われています。絵本の読み聞かせとは、絵が目を通して右脳を刺激し、物語が耳を通して左脳を刺激する方法なのです。しかも、絵による右脳刺激と、物語による左脳刺激が全く同時に起こるのが、絵本の読み聞かせという方法の特質です。アニメーションとの相違は、絵本の場合、絵がストップモーションであり、物語からその前後の動きを想像しなければならない点にあります。

また、『りんごがたべたいねずみくん』（作・なかえよしを／絵・上野紀子　1975年　ポプラ社）のような子ども向けの絵本で、左ページに絵を描き、右ページに文字を配置するのは、左目（左視野）

から入った絵が右脳で処理され、右目（右視野）から入った文字が左脳で処理されるという人間の神経システムに対応するためです。逆に、聞き手（読者）にストレスを感じさせたい『かいじゅうたちのいるところ』（モーリス・センダック作／神宮輝夫訳　1975年　冨山房）や、やや大人向きの『100万回生きたねこ』（佐野洋子作・絵　1977年　講談社）などは、左ページが文字、右ページが絵です。

『100万回生きたねこ』
（1977年　講談社）

乳幼児期から、絵本の読み聞かせを聞くことは、右脳と左脳を同時に活性化することを容易にし、言語情報のみからイメージを豊かに展開できる力の基礎になります。ピアジェの言う具体的操作期（11歳まで）に、絵本の読み聞かせという刺激（絵の具体的情報→目→右脳＋言語の抽象的情報→耳→左脳）を十分に与えられることが、その後の形式的操作期（12歳以降）への基礎となります。しかし、保護者や先生方の中には、子どもが自分で文字を読むようになれば、絵本の読み聞かせはもう必要ないと勘違いされている方もいると思います。ピアジェの発達論に従えば、最低11歳までは、絵本の読み聞かせは必要です。小学校高学年以上の年齢になっても、文字のみの物語や小説を楽しめないとすれば、やはり、絵本の読み聞かせから再スタートすべきでしょう。

絵本のひみつ 16

育児(母親)語

『ケータイを持ったサル』(2003年　中公新書)の著者として知られる正高信男氏は「母親語」について次のように紹介しています。

「ファーガソンという人は、六つの異なる言語文化圏で母親の赤ん坊への語りかけの比較検討を行った結果、それぞれはお互いにまったく交渉がないにもかかわらず、いずれにおいても母親の語りかけには共通の特質があることを発見して、母親語 Motherese と命名したのであった。つまり、ごくふつうにほかの成人に話をするときとはまったく違って、おとなが赤ちゃんに話しかけるときには、(1)ことさらに声の調子(高さ)を高くするか、(2)またそれと同時に声の抑揚を誇張する傾向が顕著となる、と言うのである。」(『0歳児がことばを獲得するとき』1993年　中公新書102ぺ)

言語の違いを越え、人間にとって「育児(母親)語」が言語や社会性の獲得の原点になっていることが推測できます。しかも人類共通です。正高信男氏によって、日本語においても同様のことが確かめられています。要するに、女性が赤ちゃんに語りかけるあの甲高いジェットコースターのような抑揚の声のことです。

「あら~、どうしたの~、おなかすいちゃったんですか~」

実は、子どもへの絵本の読み聞かせにおいても、その読み声に「育児（母親）語」と類似の特質が見出されるのです。つまり、絵本の読み聞かせは、読み手から「育児（母親）語」を引き出すのです。たとえば、『にゃーご』（宮西達也作・絵　1997年　鈴木出版）なら、クライマックスのねこの「にゃーご」という声と、それに対するねずみたちの「にゃーご　にゃーご　にゃーご」の声に、高い声と抑揚の誇張という「育児（母親）語」が仕組まれています。

絵本の読み声が、高い声と抑揚の誇張という「育児（母親）語」の特徴を有していることは、子どもの聞く力を引き出し、言語発達や社会性の獲得に効果があると考えられます。ことばと大人への信頼を回復し、テレビやゲームの誘惑に負けない、人間的な力をつけるために、絵本の読み聞かせは必須のものと考えます。

しかし、最も大切なことは、乳児期の授乳において、抑揚をつけた高い声で、赤ちゃんにたっぷり語りかけることです。その時、赤ちゃんはしっかり授乳者の顔を見つめます。もちろん、赤ちゃんと見つめ合うことも必須です。前に指摘した右脳・左脳の原理です。目から入る母（養育者）の顔の映像刺激は右脳で処理され、同時に耳から入ることばの言語刺激は左脳で処理されるのです。授乳において赤ちゃんと見つめ合い、育児（母親）語で語りかけることは、人間としての健全な発育に必要不可欠なことなのです。実は、絵本の読み聞かせとは、この授乳時の語りかけと類似の刺激なのです。

絵本のひみつ 17

授乳

先に、絵本の読み聞かせとは、授乳時の語りかけと類似の刺激であると指摘しました。絵本の読み聞かせでは、聞き手はまるい大きな正面顔のキャラクターと目が合うし、読み手は育児（母親）語と類似の高く抑揚を誇張した声になりやすいからです。つまり、絵本の読み聞かせは、①やさしく見つめられる。②やさしく語りかけられる。③やさしく抱きしめられる。④やさしく欲求が受け止められる。という授乳と類似の刺激を形成しやすいのです。しかし、絵本の読み聞かせが実際の授乳と決定的に違うのは、まさに授乳ではない点です。

当然、絵本の読み聞かせは、授乳にはなりません。しかし、絵本にはそれを補うひみつがあります。それは、絵本では多くの場合、食べ物が題材になるということです。

『ぐりとぐら』（中川李枝子・文／大村百合子・絵　1963年　福音館書店）の大きな黄色い「かすてら」は、その典型例でしょう。どれだけ多くの子どもが、あの大きな黄色い「かすてら」にあこがれたことでしょう。どれだけ多くの子どもが、読み聞かせを聞く時、あの大きな黄色い「かすてら」の場面で、絵本に手を伸ばし「かすてら」を食べるまねをしたことでしょう。

ねずみくんシリーズの第二作『りんごがたべたいねずみくん』（作・なかえよしを／絵・上野紀子　1975年　ポプラ社）に代表されるように、私も大好きな赤いりんごは、みなに愛され、色が赤いという点において、絵本の題材としては、最適な食べ物の一つです。

絵本は、実際の食べ物ではなく、映像イメージで、授乳と類似の刺激を形成していると考えられます。『はらぺこあおむし』（エリック・カール作／もりひさし訳　1989年改訂　偕成社）で、あおむしは、食べて食べて食べまくります。それが、聞き手（読者）を満たされた気持ちに導くのです。

実は、絵本の読み聞かせの際、実際に「ミルキー」のようなあめなどをなめさせると、子どもたちを、いっそう絵本の読み聞かせに集中させ、深い感動を与えることができます。甘いミルク味が、絵本の読み聞かせを、より授乳の刺激に近いものにするのです。紙芝居の水飴の原理です。お行儀などにとらわれず、ぜひ実践してみてください。

大人も同じです。映画などを鑑賞する場合、ポップコーンなどのおやつは必須なのです。上映時間ぎりぎりにすべりこんで、おやつを買うひまも無かった場合、どんなに素晴らしい映画でも、私は、途中一度は眠ってしまいます。高いお金を払って鑑賞する映画に、より集中し、感動を深く心に刻むためには、おやつは必須なのです。

絵本の読み聞かせの時に、ミルキーなどのあめがあれば、子どもたちは物語の世界に深く入り込み、そのメッセージを深く心に刻むことになります。

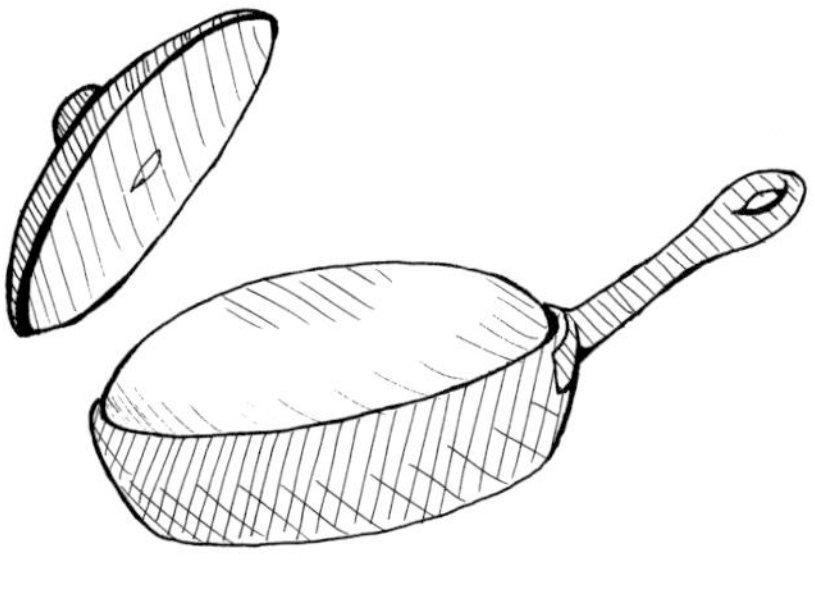

絵本のひみつ 18

スキンシップ その一

『読み聞かせ　この素晴らしい世界』（ジム・トレリース著／亀井よし子訳　1987年　高文研）の中で、ジム・トレリース氏は、テレビの影響のすさまじさを示す統計を引用しながら、

「これほどの猛威をふるうテレビに太刀打ちするのは、容易なことではない。だが、けっして不可能ではない。あなたが自分一人の力で、一つの家族、あるいは一つのクラス全員に、本と読書への欲望を植えつけることも、けっして不可能なことではないからだ。（中略）なぜなら、あなたは感受性と思いやりを持つ、愛情あふれる人間なのだから。子供をその腕に優しく抱きしめることのできるテレビは、まだ発明されていないのだ。」（39〜40ぺ）

と述べています。

テレビが3Dに進歩しても、子どもを優しく抱きしめることのできるテレビは、まだ発明されていません。そんなテレビが発明されていないので、子どもは優しく抱きしめられなくても仕方ないのではなく、だからこそ、大人が責任を持って子どもを抱きしめる必要があります。子どもを抱きしめることは、大人にとっても人間的な優しさを回復するチャンスなのです。

乳児が心身共に健やかに成長するために、スキンシップが必要不可欠なのは、言うまでもありません。成長期にある子どもも同様に、心身のバランスを回復するためにスキンシップを求めるものです。実際、

子どもは、かなり成長しても大人の膝の上を狙っています。子どもはそこが自分にとっていかに心地よく、心身のバランスを回復できるところであるかを直感的に知っているのです。

前に、授乳において赤ちゃんと見つめ合い、育児（母親）語で語りかけることは、人間としての健全な発育に必要不可欠なことだと述べました。当然、授乳の時は優しく抱きかかえ、たっぷりスキンシップをしているはずです。

授乳において、優しく抱きかかえ、赤ちゃんと見つめ合い、育児（母親）語で語りかけることが、人間としての健全な発育に必要不可欠なことだったのです。実は、絵本の読み聞かせは、この授乳と類似の刺激を与えることが可能なのです。スキンシップを伴う絵本の読み聞かせは、子どもにとって学ぶ意欲と人間的な優しさを育てる場になるのです。一対一で絵本を共有し、スキンシップを伴った絵本の読み聞かせが、最も授乳に近い刺激になるでしょう。では、教室など複数の子どもたちに読み聞かせをする場合は、どのようにすればよいでしょうか。それは、保育所や幼稚園で実践されているように子どもたちを集めて、子どもたち同士をくっつけて座らせて絵本の読み聞かせをすればよいのです。小学校では、机をコの字型に配列しているのであれば、教卓の前に畳をおいて、そこに子どもを集めて読み聞かせをすれば最高でしょう。

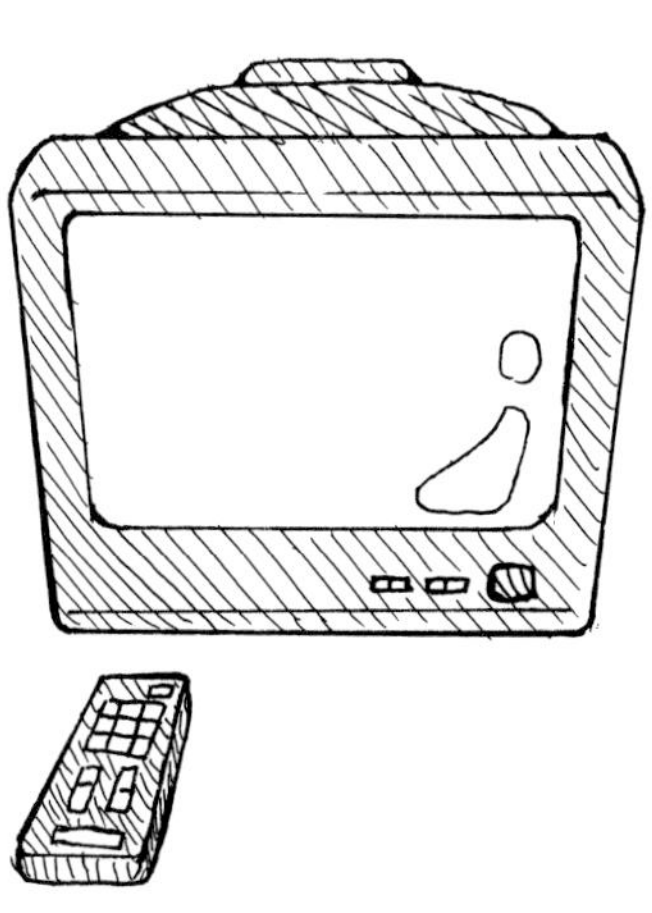

絵本のひみつ 19

スキンシップ その二

赤毛ザルを用いたハーローの代理母ザルの実験があります。それは、生まれたばかりの赤毛ザルの赤ちゃん2匹を、一方は、針金だけでできていて内部から暖める人形にほ乳瓶をつけて授乳させ、もう一方は、針金を羊毛の布で覆い内部から暖める人形にほ乳瓶をつけて授乳させるというものでした。

観察の結果、針金の人形に授乳させたサルは、人形に抱きつくことが少なかったそうです。一方、布でまいた人形に授乳させたサルは、布の人形に頻繁に抱きつく行動が見られたそうです。

結果、針金の人形に授乳されたサルは、何事にも無関心で、ワンパターンの往復行動が観察されたのです。つまり、動物園の檻の中で観察される動物の様子です。動物園の動物もひどいストレスを抱えているのかも知れません。羊毛の布に覆われた人形に授乳されたサルは、好奇心が旺盛で、探索行動が観察されたのです。つまり、安心基地を獲得したのでしょう。

さらに、針金の人形に授乳されたサルは、動物ではほとんど観察されることのない自虐（自傷）行為を行ったそうです。つまり、高度なほ乳動物では、接触欲求が満たされないと、様々な行動障害が出ると結論されているのです。

一九八二年の時点で、竹内敏晴氏は、次のように予言していました。

「この、中学校を拠点とし、家庭や社会を巻きこんでいるからだの反乱も、やがて、いっそう苛酷な管理体制の要請によって、鎮圧され、少年たちのからだが、外見上さらに無気力化されてゆくならば、しかし、やがてからだは、より幼いレベル、つまり小学校とか幼稚園とかのレベルで、再び火を噴くに違いない。その徴候は、もうすでに現れている。その時、暴力化するにはあまりに力弱く幼いからだは、自閉し、自傷し、分裂し、自殺するという形に追い込まれることをわたしは恐れる。」

（『教師のためのからだとことば考』１９９９年　筑摩書房　22ペ）

赤毛ザルの成長と人間の成長とを短絡的に結びつけてはいけないと思います。しかし、同じほ乳綱霊長目の動物として、現在、自傷し、自閉し、分裂し、自殺する子どもや若者の成長には、この赤毛ザルの実験が意味するものが、関わっているように思われてなりません。

ある保育所を訪問した時に聞いた話です。以前その保育所は、外国からの視察団を受け入れたそうです。その視察団が指摘した問題点の中に、「子どもとのスキンシップの不足」があったそうです。保護者や保育所、幼稚園、小学校が一体となって「スキンシップの不足」を解消しなければなりません。

針金でない温かな血の通っている私たちが、子どもたちにすべきことは、何でしょうか。

絵本のひみつ 20

スキンシップ その三

ここしばらく、絵本のひみつではなく、絵本の読み聞かせの効果のひみつになってしまいました。しかし、もう少しおつきあいいただきたいと思います。

『クシュラの奇跡 140冊の絵本との日々』(ドロシー・バトラー著/百々佑利子訳 1984年のら書店)という本があります。その帯に「絵本を友として、その人生を豊かにしていった、ある障害児と家族の、勇気ある感動の記録!」と内容がまとめられています。染色体の先天異常を持って生まれた女の子が、両親の献身的な育児によって健やかな発育を遂げる感動のノンフィクションです。

この話は、絵本とその読み聞かせによる奇跡として知られていますが、私は、それよりも何よりも、生まれて3ヶ月間、わずかな睡眠時間以外は、両親が交替で娘のクシュラを抱き続けたことによる奇跡だと思っています。外界の刺激に反応することさえ望めないと、医師に言われたクシュラが、絵本に反応できたのは、まさに抱き続けたことによるスキンシップの奇跡と考えた方が自然だと、私は推測しています。

かつて日本には、坊主頭の男の子の頭をなで回す習慣がありました。男の子は、「かしこい!」「よくできたね!」と教師などに言われながら、その坊主頭をなで回してもらったのです。坊主頭をなでられると心地よいものです。実は、なでる大人も心地よいのです。坊主頭をなでるという習慣は、なでられる子どもも、なでる大人も相互に心地よいスキンシップだったのです。

私たちの世代の男の子の遊びに、プロレスごっこがありました。もっと前の世代は相撲だったでしょう。組んずほぐれつの濃厚なスキンシップの世界です。

冬になれば、男の子も女の子も一緒におしくらまんじゅうをしたものです。

スキンシップと言えば、日本の伝統的な育児方法「おんぶ」こそ究極のスキンシップでしょう。これほど長時間、密着してスキンシップを得られる育児法は、他に存在しないかもしれません。もし、現在の子どもたちが、「おんぶ」で育っていないとすれば、そこに現在子どもたちがかかえている発達の危機的状況の原因があるように思われてなりません。

障害にかかわる絵本としては、『さっちゃんのまほうのて』（たばたせいいち　ほか作　１９８５年　偕成社）、『かっくん』（クリスチャン・メルベイユ文／ジョス・ゴフィン絵／乙武洋匡訳　２００１年　講談社）などが有名です。また、現在問題になっているＬＤ（学習障害）を克服した『ありがとう、フォルカーせんせい』（パトリシア・ポラッコ作・絵／香咲弥須子訳　２００１年　岩崎書店）もお奨めです。

『ありがとう、フォルカーせんせい』
(2001年　岩崎書店)

次に、「おんぶ」を取り上げて、呼吸の話をします。

絵本のひみつ 21

呼吸 その一

直立して二本足で歩くロボットは、すでに発明されています。ロボットが立って歩くまでには、赤ちゃんが生まれて歩くより遙かに長い期間の研究開発が必要だったのです。それを思うと、赤ちゃんが立ち上がり、歩く不思議に改めて感動を覚えます。では、人間と同じように対話するロボットはどうでしょう。すでに開発はされていますが、人間と同様とはいかないようです。その原因のひとつが、ロボットが呼吸をしていないことにあります。

対話できるロボットを開発する基礎研究の中に、「呼吸の引き込みが身体的コミュニケーションの創出に重要な役割を果たしている」（渡辺富夫・大久保雅史1998年）という指摘があります。この「呼吸の引き込み」とは、対話場面等で、自分の呼吸のリズムを変化させ、相手の呼吸に合わせることを言います。実は、日常の場面で「息が合う」とか「呼吸が合う」と言われるのは、もののたとえではなく、本当に体に起こっていることなのです。おそらく赤ちゃんは、授乳やだっこやおんぶの身体接触によって、無意識に相手の呼吸を引き込む訓練をしていると考えられます。なぜなら、それが赤ちゃんにとって心地よいことだからです。

実は、絵本の読み聞かせにおいても呼吸の引き込みが生じているのです。絵本の読み聞かせをしていると、読み手と聞き手との呼吸が合っていることを実感することがあります。それは、子どもたちがシーンと聞き入っている時も感じられますが、絵本の中のことばを読み手と聞き手が同時に発話したりすることで観察できるのです。絵本を読んでくれる人の呼吸を引き込むこと、これは乳幼児期の呼吸の引き込みの身体的記憶につながる心地のよいものだと言われています。

絵本の読み聞かせに限らず、優れた語りや話芸に夢中になっている時、語り手などと呼吸が合っているのです。つまり、私たちは相手の言うことをしっかり受けとめて理解しようとすると、無意識に自分の呼吸を語り手の呼吸に合わせているのです。逆に言えば、優れた語り手や話者は、聞き手の呼吸を自分の呼吸に合わせる名人と言うことになります。その秘訣は、間（ポーズ）です。

相手とうまく対話できない、つまり、うまく相手の呼吸を引き込むことができない子どもがいるとすれば、どんどん絵本を読んであげたらよいでしょう。信頼する大人との絵本の読み聞かせ体験の中で、やがて相手と呼吸を合わせる心地よさを体得していくのではないでしょうか。

絵本の読み聞かせを家庭で実践すれば、息の合った素晴らしい家族になるでしょう。教室で実践すれば、息の合った素晴らしい学級になるでしょう。ロボットにはできない呼吸を、人間がしていることは、実に尊い事です。

絵本のひみつ

22 呼吸 その二

日本の伝統的子育ての方法に「おんぶ」があります。乳幼児は、「おんぶ」された背中で、心地よく眠りにつきます。実は赤ちゃんは、大人の背中で大人と呼吸を合わせる心地よさを味わっているのです。「おんぶ」に限らず、赤ちゃんを寝かしつける時、呼吸を合わせるのはよく使う方法です。そうすると赤ちゃんは心地よく眠りにつくことができます。

私が一番好きな絵本『だるまちゃんとてんぐちゃん』(加古里子作・絵　1967年　福音館書店)の中に、だるまちゃんの妹のだるまが、お人形をおんぶしている絵があります。実に、赤ちゃんを「おんぶ」することは、大好きなあこがれの母親を真似る最高の遊びの一つだったのです。「おんぶ」は楽しい遊びとして、日本の家庭に代々受け継がれてきました。親は何の疑いもなく、赤ちゃんを「おんぶ」して家事をこなしていたのでしょう。はたして、『だるまちゃんとてんぐちゃん』の中には、妹のだるまが、お人形をおんぶしたままおもちをまるめている絵も描かれています。「おんぶ」は家事と両立する育児法なのです。私は、この「おんぶ」をぜひ復活させたいと思っています。そして、優れた育児方法として、世界に発信したいと思っています。

『定本　育児百科』(1999年　岩波書店)の中で、松田道雄氏は、次のように指摘しています。
「赤ちゃんが、ベッドの上で泣いている。家の仕事もしなくてはならない。この矛盾を解決するためには、おんぶしなければならぬことが、現実にある。そのとき、おんぶは衛生上わるいと思ってためらうことはない。日本人は誰でもおんぶされてそだってきたのだ。／地球上でおんぶする風習のある国では股関節脱臼が少ないことがわかってきた。」（230ペ）

「息をすることは生きることだ。その人の息の仕方はその人の生き方だ。」と聞いたことがあります。日本の乳幼児は、「おんぶ」によって大人の「息の仕方」＝「生き方」を訓練してきました。私は、日本が呼吸に関して優れた文化・芸能・技術を持っているのは、この「おんぶ」という子育て方法にひみつがあるとさえ思っています。日本の文化・芸能・技術の極意は呼吸です。

剣道は、相手が息を吸った瞬間に打ち込むのだそうです。相撲も柔道も相手が息を吸って体が弛んだ瞬間に技をかけるのだそうです。つまり長い息ができる方が勝つのです。「長い息をすると長生きする」と聞いたこともあります。

ぜひ「おんぶ」を復活させて、心身ともに健やかな子どもを育てましょう。「おんぶ」するのには大きくなりすぎた子どもには、絵本を読んであげましょう。「おんぶ」は母親の特権ではありません。誰でも「おんぶ」で日本の未来に貢献できるのです。

絵本のひみつ
23 視覚的共同注視

「視覚的共同注視」について、門脇厚司氏はその著『子どもの社会力』（1999年 岩波新書）の中で、次のように述べています。

「赤ちゃんがお母さんが見ているのと同じモノを見ながら、お母さんがいまどんなことを考えているかを適切に読み取れるようになること、そのことが、心が作られる最初の段階ということである。」（58ペ）

赤ちゃんが、お母さんの考えを読み取るヒントになるのが、目と表情と声色ということになるでしょう。まさに赤ちゃんは「顔をよむ」のです。さらに門脇氏は「生後わずか二か月の乳児でも母親の視線を追うことができる子がいること、生後一四か月の幼児では全員が追視ができること、などを確認した。」（58ペ）と述べています。

人間が、ことばを獲得することや何かを学ぶことは、まさにこの「視覚的共同注視」のたまものなのです。では、子育てにおいて、大人と子どもとは何を「共同注視」すべきでしょうか。子育てには様々な経験が用意されるべきですが、絵本が最も適切な「共同注視」の対象の一つであることは間違いないでしょう。

家庭で、学級で、絵本を大人が読み聞かせることで、「視覚的共同注視」を実現することができます。

そして、それをきっかけに、様々な歴史・社会・文化・科学的な事象に対する「視覚的共同注視」を回復する道が開けるのではないでしょうか。例えば、絵本の読み聞かせの延長として、学習図鑑を読み聞かせてはどうでしょう。学習図鑑を読むことも立派な読書です。まずは、『ほんとのおおきさ動物園』（2008年　学研教育出版）からはじめてみるといいでしょう。

私は、職業柄、学校の先生方にお話する機会があります。その時必ず、絵本の読み聞かせを教室で実践することをお勧めしています。それは、絵本とその読み聞かせには、今までお話してきたように、子どもも教師もともに開かれ、救われていく可能性があるからです。さらに、絵本の読み聞かせによる「視覚的共同注視」の典型的体験は、その他すべての学びに良い影響を及ぼすと信じているからです。まず第一に、先生方の声や話を、母の声や話のように愛するようになる可能性があるからです。もちろん、男性の先生方もその効果を体験できます。

大人のことばが子どもに届かない、大人の気持ちが子どもに理解されないとすれば、「視覚的共同注視」の経験が不足しているのかも知れません。そんな不安をお持ちの保護者の方、先生方、ぜひ絵本の読み聞かせを実践してください。

絵本のひみつ 24

心地よさのひみつ

以前見た「サイエンスミステリー」というテレビ番組で、20歳で交通事故に遭い植物状態になった青年が、19年後に意識を取り戻したという医学の常識をくつがえすような出来事を伝えていました。

そこには、息子の回復を信じて介護し続けた母親の存在と、その努力が最新の遺伝子科学の研究で科学的根拠を持つことが伝えられていました。

その介護とは、単に病院で身の回りの世話をするだけでなく、植物状態の息子を家族パーティーなどに必ず参加させるというものでした。

番組では、脳の神経細胞の再生に関わる遺伝子があって、その遺伝子は、心地よさを感じることで活性化するという紹介がありました。つまり、再生不可能と思われた脳の神経細胞が、それを再生する遺伝子を活性化することで奇跡的な再生を遂げたと言うのです。

「心地よさ」は、脳の神経細胞の再生を助ける刺激だったのです。私はプラモデル作りが好きなので、プラモデルを作り始めると寝食を忘れるほど集中します。「心地よさ」が、脳を活性化するのは実感でもあります。

絵本とその読み聞かせについて、今までお話してきたことは、全てこの「心地よさ」をもたらす様々な効果に集約されます。

①まるい大きな正面顔（ベビーシェマ：養育者（母親）の顔の記憶）の効果
②育児（母親）語（Motherese）高い声と抑揚の誇張の効果
③まるい大きな正面顔（右脳刺激）と育児（母親）語（左脳刺激）との同時刺激の効果
④読み手と聞き手による視覚的共同注視の効果
⑤人間の視点の動きに基づく画面構成の効果
⑥色彩（赤↓青↓緑↓黄）知覚の効果
⑦甘く美味しい味覚や安らかな睡眠のイメージの効果
⑧スキンシップ（attachment）の効果
⑨呼吸のシンクロ（引き込み）の効果
⑩絵本モンタージュ（残像）の効果

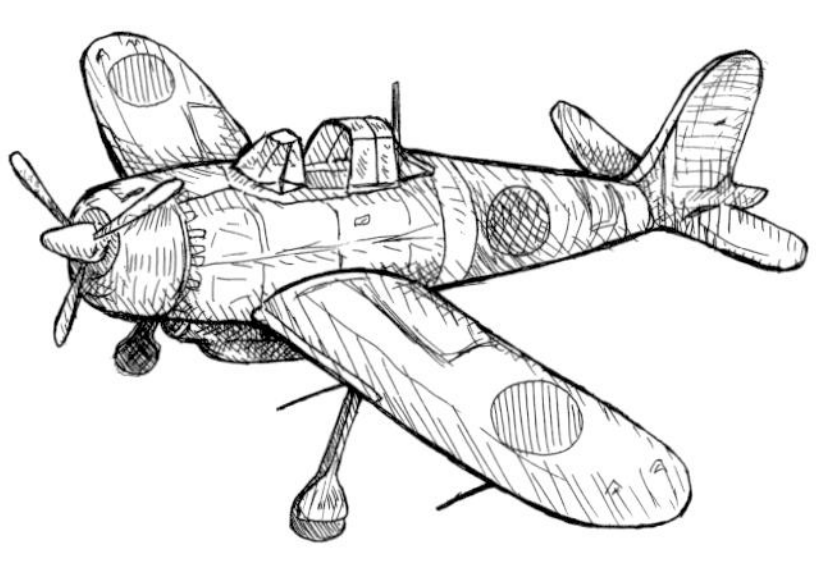

「絵本とその読み聞かせ」は、右に示したような様々な効果によって、授乳と類似の「心地よい」刺激を、子どもに与えることができます。「絵本とその読み聞かせ」は、今日子どもの脳に起こっている様々な発達の危機から子どもを救済し、子どもを心身ともに健全に成長発達させる可能性を持っています。しかも、授乳も「絵本とその読み聞かせ」も、する方される方の両方が同時に救われる方法なのです。

絵本のひみつ 25

絵本の読み聞かせの原則

ここでは主に学校の先生方に向けて、絵本の読み聞かせの原則についてお話します。

学校では、まず、絵本の読み聞かせを始めるために、その時間を確保する必要があります。そこでお勧めするのは、朝の読書の時間を確保することです。朝が望ましいと思いますが、アメリカで始まった主旨が、サイレント・リーディングだったので、毎日一定の時間が取れれば、朝に限定する必要はないと思います。しかし、私の経験からは、一日の学習を心地よく始めるために、朝がよいと思います。

〈朝の読書運動の4原則〉

1、一定の時間、10~15分が望ましい。
2、本は子どもに選ばせ、その時間内は変えさせない。
3、教師や親も一緒に読み、手本を示す。
4、感想文・記録は一切求めない。

毎日、サイレント・リーディングの時間が確保できたら、いや、できなくても絵本の読み聞かせを始めましょう。もちろん、先生方も一緒に読まなければなりません。絵本の読み聞かせなら先生も読めます。

〈絵本の読み聞かせの4原則〉

1、絵本は楽しみとして与える。
2、絵本は〝おとなが子どもに読んであげる本〟である。
3、絵本は繰り返し読んであげる。
4、質問したり、感想を求めたりしない。読みっぱなしにする。

（『絵本の与えかた』福音館書店による）

本書の最初にも書きましたが、教室で絵本を読み聞かせた後、「面白かった？」とか「どこが心に残りましたか？」などと、感想を求めてはいけません。「主人公の行動をどう思いますか？」とか「あなたならどうしましたか？」などといった質問もタブーです。もちろん、感想文を書かせるのは、厳禁です。絵本を読み聞かせた後、一度でも感想を求めたり質問したりすると、それが心に残り、次の絵本の読み聞かせを心から楽しめなくなります。せっかくの絵本の読み聞かせが子どもの心の深くに届かなくなるのです。文学作品の感想文指導の失敗を繰り返してはいけません。「読みっぱなし」に徹することが肝要です。

絵本のひみつ 26

中学生と絵本

鳴門教育大学附属図書館には、故大村はま先生(1906～2005年)が寄贈してくださった学習記録が整理されて所蔵されています。その中に、大村先生に学んだ女子中学生の次のような作文があります。

「　私と読書

私が本にめぐり合ったのは絵本ではありません。

小学校一年生のとき『アルプスの少女』という本を母からかってもらったのがはじめてでした。

そのときから私は、五・六年向とラベルのついた本しか読まないようになりました。

それは私が、上位の本を読むことがほこりだったからです。

小さな字を目でたどることが、めいよだったのです。

私は六年間もそうしてきました。

私にとって本は名目上のかざり物だったのです。

だから絵本を読むことは、不名よなことだったのです。

中一の春　私は大村先生を知りました。

そして、読書は名目でないことを知りました。

そして、読んだことのなかった絵本へのアコガレを感じました。今のようにはばの広い読書ができるようになったのは、先生と知り合ったから。そして、読む喜びを知ったからなのです。」

まじめで優等生で読書家、何の欠点も無いような女子中学生が抱えていた、真の読書の喜びに出会ってないという問題を、大村先生は見事に克服させています。その材料に絵本を用いたことは、大村先生の卓見です。

大村はま先生は、絵本を中学校の国語の授業に導入した先駆者であり、名人でした。特に、安野光雅さんの『旅の絵本』（１９７７年　福音館書店）を用いた創作指導は、絵本の創造的な読み方を提案する優れた実践です。私たちが、安易に絵本で授業を行うことは戒めたいと思います。しかし、中学生に読書の喜びを改めて感じさせるために、中学校でも絵本の読み聞かせに取り組んでいただければと思います。

『旅の絵本』
（1977年　福音館書店）

実は、大村はま先生は、ねずみくんシリーズのファンでした。ねずみくんシリーズを用いた実践もあります。私はちゃっかり、大村先生が読み聞かせをされた絵本『りんごがたべたいねずみくん』に先生のサインをいただきました。

絵本のひみつ 27

読むことは、カリキュラムである

引き続き、学校の先生方に向けたお話をします。

ジム・トレリース氏は、『読み聞かせ　この素晴らしい世界』（1987年　高文研）の改訂版の出版にあたり、「序・いまなぜ「読み聞かせ」なのか」の扉の裏に、次のことばを置いています。

「もしも世の親たちが、学齢前のわが子に一日に一五分、本の読み聞かせをするようになれば、学校に革命を起こすことができるでしょう。―シカゴ市教育長ルース・ラブ（一九八一年）」（12ぺ）

今、子どもの発達の様々な危機的状況を、すべて学齢前の教育と保護者の教育の責任に帰すことは簡単です。しかし、誰かに責任を転嫁することができても、子どもをその発達の危機から救済することはできません。

今こそ、教師は、教育を改革することによって、目の前の子どもに対し、プロとしての責任を果たすべきでしょう。ジム・トレリース氏は、同じく『読み聞かせ　この素晴らしい世界』の中で、従来の国語学習を次のように批判しています。

「われわれが、子供に読み書きを教えるためにぼう大な費用と時間を注ぎ込んでいるにもかかわらず、その子供たちが読まないことを選ぶのだとしたら、何かがまちがっているのだと結論するほかないであろう。われわれは子供たちに、いかに読むかを教えることばかりに熱中し、彼らに読みたいと

いう気持ちを教えるのを忘れてしまったのである。」（45ぺ）
ジム・トレリース氏は、自己の経験、様々なデータや実践事例を引用しながら、読み聞かせの必要性を訴えています。

「あなたがクラスの子供たちに本を読む時間をさいたからといって、カリキュラムをおろそかにしたことにはならない。読むことは、カリキュラムである。すべての学習と教授の第一要素は、言語である。言語は、授業を伝達する道具であるだけでなく、生徒が私たちに返してくれる成果そのものである――その言葉が算数の言語であれ、理科の言語であれ、あるいは歴史の言語であれ、同じである。その意味で、読み聞かせをする教師は、子供たちがよりよい聞き手になることを通して、より高い言語技能を発達させる手助けをしているといえる。他人の言葉を聞けば聞くほど、話したり書いたりすることによって自分自身の言葉を他人と共有したいという子供たちの欲求は強くなる。」（同上書87〜88ぺ）

日本でも、読み聞かせが様々な効果をあげている実践例は多くあります。私も学校教育を改革するために、読み聞かせの導入が欠かせないと考えています。中でも、私は絵本とその読み聞かせの効果を強調したいと思います。

絵本のひみつ 28

高校でも絵本の読み聞かせ！

ジム・トレリース氏は絵本の読み聞かせについて次のように述べています。

「教師や親からよく訊かれることの一つに、「いつ絵本をやめて〝分厚い〟本——小説を読み聞かせ始めますか?」という質問がある。

子供を一刻も早く大人にしたいという親の気持ちはわかるが、そういうふうな言い方をされるたびに、私は思わずたじろいでしまう。

その理由の第一は、「絵本をやめるとき」などはないということである。私の知り合いには保育園児にジュディス・ビオーストの『アレクサンダーのこわくて、みじめで、いいことがひとつもなくて、とてもいやな一日』を読んでやっている教師もいるし、同じ本を年に二回——年度始めの九月と、生徒からの要求により、学年末の六月にもう一度——読んでやっている高校二年担任の国語の先生もいる。（中略）よい物語は、よい物語である。美しく感動的な絵は、五歳児の心も一五歳の少年少女の心も同じように揺さぶるものである。絵本は小学校から高校までのすべてのクラスの読み聞かせリストに加えるべきである。」（同上書139〜140ぺ）

私も、高校で絵本を読みます。もちろん私は感想を求めません。加えて、感想を書かせないように先生方に頼んでいます。しかし、多くの場合、生徒は感想を書かされているようです。

県内の高校生の感想を紹介します。

○「今回の講義は「絵本とその読み聞かせ」だったので私も幼い頃に絵本を読んだ懐かしい思い出がよみがえってきました。また先生が朗読してくださってあったかい優しい気持ちが私の心に灯ったのを実感しています。高校1年の私がこんな気持ちになるのだから語学発達の途上である幼児にとって、絵本の読み聞かせは、大変意義のあるすばらしいことだと思いました。そして、幼児はまた主人公と自分が赤ちゃんだった頃の二頭身半の姿を重ねて見ていると知って、私は新しい発見ができたなと嬉しく思います。きっと子どもにとってその姿は一番安心でき、遠い日の知らない自分の姿であるからでしょう。だから私も教育に携わる職業や自分の子供が生まれたらぜひ絵本を読んであげたいと思います。そうすれば子ども達は、本にも興味がわき、語学力やイメージ力を養い、優しい心の持ち主になると思うからです。今日は自分の将来を考えるためにもよい機会が出来たと思います。できれば自分のためにも絵本を読んで、もっともっと感受性をみがいていけたらなと思いました。」

高校でも、先生方による絵本の読み聞かせが、毎日行われるようになることを願っています。

絵本のひみつ 29

学級文庫に絵本を！

『昭和二二年度学習指導要領（試案）　国語科編』の「第四章　中学校国語科学習指導　六節　文学」には、学級文庫について次のような記述があります。

「各学級がいろいろな方法で書物を集める。生徒がもち寄ったり、金をだしあって買ったり、先生がもって来たりする。本は千さつ近くあれば理想的である。その内容としては、詩・伝記・歴史・短編小説・美術・スポーツ・旅行・科学物語・戯曲など。新聞・雑誌もそなえる。」

各教室にこのような学級文庫が整備されているのが理想です。しかし、実際には図書室から貸し出された本がブックトラックに並べてある程度のものが多いのではないでしょうか。21世紀になっても、学級文庫に「千さつ」が実現していないのは、全く悲しいことです。このような教育や文化の貧しさが、日本の現実なのかも知れません。

できれば、教室の南側の窓の下全部を作り付けの書棚にしたいものです（直射日光の当たるところには本を置いてはいけません）。そこへ教師の本、子どもの家庭から提供された本を並べてはどうでしょう。学級文庫の本を教師が読み聞かせるのはもちろん、学級文庫にある本を用いて教師自身が読書体験や感想を語ったり、様々なブックトークを行ったりしてはどうでしょう。教師が紹介した本が学級文庫にあることは、読書指導として効果的です。

教師が読み聞かせた絵本は、ぜひ学級文庫に並べたいものです。なぜなら、ある子どもにとってはその本が、生まれて初めて自ら手にとって読みたいと思った本になるかも知れないからです。最初からたくさんの絵本を学級文庫に並べるのではなく、読み聞かせた絵本から、1冊ずつ置いていく方が、子どもたちの読書意欲を刺激することでしょう。絵本だけでなく、たくさんの巻のある学習図鑑なども、最初から全部学級文庫に並べるのではなく、1冊ずつ、子どもが興味を持ちそうな巻の、写真などの解説を読み聞かせてから、学級文庫に置きたいものです。

学級文庫の経営を通して、教師が文字言語をいかに愛しているかを示していくことは、文字言語に関するすぐれた言語環境そのものでしょう。

私の手元に、ある先生から寄せられた一年間の絵本の読み聞かせの記録があります。先生個人の絵本や公立図書館からの団体貸し出しの活用によって学級文庫の絵本を充実させ、毎日絵本の読み聞かせを行ったのです。また同僚の先生や校長先生を読み聞かせのゲストとして招くといった実践を行ったそうです。子どもから「先生はみんな本が好きなんだね。」という声があがったそうです。学級文庫を絵本で一杯にして、教師自身がことばや活字を愛する人として、子どもたちのよいお手本になりましょう。

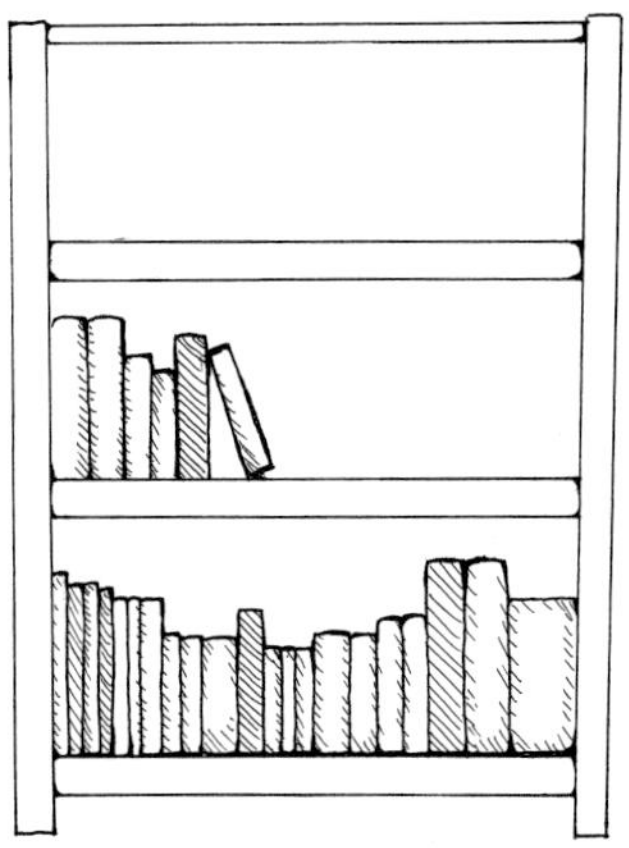

絵本のひみつ 30

「源氏物語」の昔から

「源氏物語」蛍の巻で、源氏が「このごろ幼き人の、女房などに時々読まするを立ち聞けば、ものよく言う者の世にあるべきかな、そらごとをよく馴れたる口つきよりぞ言ひ出だすらむとおぼゆれど、さしもあらじや」とのたまいます。これは「このごろ幼い人が、女房に物語をときどき読み聞かせさせているのを立ち聞きしてみると、物語の上手な者が世間にはいるものだな。こんな古物語もさぞかし空言を言い慣れた語り口で言い出すのだろう。いやそうとは限らないでしょうか」といった意味です。

千年前、もちろん今のような絵本があったわけではありません。しかし、当時、女房たちが、貴族の子どもたちに、物語を巧みに読み聞かせていたのです。しかも、物語は、絵を見ながら人が読むのを聞くことが多かったのだそうです。そういう読み聞かせの伝統の中で、「源氏物語」というような至高の文学も生まれたのではないでしょうか。庶民の場合は、いろり端の語りとして日本の言語文化を支えてきたのでしょう。

ジム・トレリース氏は、前にも紹介した『読み聞かせ　この素晴らしい世界』（亀井よし子・訳　1987年　高文研）の中で、次のように指摘しています。

「たとえば、世界中で日本ほど印刷された言葉を大切にする国はないが、その日本の父母の大多数はいまも子供たちに読み聞かせをしている。日本の子供向け雑誌の半分は学齢前の幼児と小学校低学年向けのもので、おかげで子供たちは一九〇〇もの文字をマスターしなければならないにもかかわらず、識字率は九九パーセントと、世界の最高レベルの国の一つに数えられている。」（61ぺ）はたして「日本の父母の大多数はいまも子供たちに読み聞かせをしている」でしょうか？一九八〇年代に、ジム・トレリース氏が感じた、アメリカの子どもの発達の危機は、そのまま現在の日本の子どもに当てはまるのではないでしょうか。

もちろん「日本の父母の大多数はいまも子供たちに読み聞かせをしている」と、胸を張って言えるようにしなければなりません。が、同時に「日本の教師の大多数がいまも子どもたちに読み聞かせをしている」と言えるようにすべきでしょう。私は、乳幼児期から学校教育段階までの継続的な絵本の読み聞かせ無しに、現在の活字離れを防ぐことはできないと考えています。また、絵本の読み聞かせ無しに識字率の高さに代表されるような日本の教育水準の高さも維持できないのではないでしょうか。

読み聞かせは、日本の伝統文化でもあるのです。読み聞かせに選ばれる本が、絵本であることを望んでやみません。

絵本のひみつ

31

絵本探しは自分探し

私は、大学の授業で学生に絵本の読み聞かせをさせています。絵本選びから学生にさせて、みんなの前で読み聞かせをさせるのです。十分な訓練をしていない学生の読み聞かせは、声量が足りなかったり、聞き手とのアイコンタクトができなかったりと、未熟なことが多いのですが、上手下手を越えて、その学生らしさがよく現れ、私はとても満足しています。学生の読み聞かせによって、その絵本の素晴らしさを改めて感じることもよくあります。やはり絵本は、自分で読むよりも、読んでもらう方が感動が深まるのでしょう。

さて、前に私は「絵本モンタージュこそ、絵本を自分を映す鏡にする仕掛けです。その鏡は、自分さえ気づかないような、自分の強さや弱さ、美しさや醜さを映し出し、自分のあるべき姿を教えてくれるひみつの鏡です。」と述べました。ある日、学生の読み聞かせを聞いている時に、気がついたのです。絵本の色彩と学生の服装の色彩がシンクロしていることに！それから私は、学生が読み聞かせをする時、絵本の色彩と服装の色彩とをよく見比べるようになりました。するとかなりの確率で、絵本の色彩と同じような色彩の服装をしているのです。絵本を選ぶとは、自分を選び取ることなのかもしれません。

これは、大人が絵本を選ぶ場合でも同じです。このことは何の不思議でもなく、人は、自分の好きな色彩の絵本を選び、当然、自分の好きな色彩の服を選ぶという、ただそれだけのことです。しかし、自分が自分らしくいることが難しい現代社会においては、意味のあることだと思います。

たとえば、毎晩のように娘さんに『だるまちゃんとてんぐちゃん』（加古里子作・絵　1967年福音館書店）の読み聞かせをせがまれた小学校の女性教師がいました。つまり、その娘さんは、学校の先生のように指示ばかりして自分の言うことを聞いてくれない母親にストレスを感じていたのでしょう。だるまどんがなんでも言うことを聞いてくれ、友達のてんぐちゃんが自分のことを認めてくれるだるまちゃんは、その娘さんの理想の姿だったのでしょう。子どもは、自分の真の欲求の代弁者として絵本を選び取ると言えます。大人も自分のストレスを引き受け、自分の真の欲求を代弁してくるものとして絵本を選ぶのでしょう。

絵本を探すことは、まさに自分を探すことです。それも、自己を肯定的に映してくれる鏡としての、あるべき自分を示してくれる鏡としての自分探しです。

あなたの好きな絵本は何ですか？今着ている服と、色彩を比べてみましょう。

余談ですが、私は黒い車に乗っています。しかし、本当は、まっ赤なスポーツカーに乗りたいのです。そして、一番好きな絵本は『だるまちゃんとてんぐちゃん』です。

絵本のひみつ
32 高度な情報処理能力

これまでの説明で、絵本とその読み聞かせによって、いかに脳が活性化し、脳の発達に良い影響を与えることができるかについて、かなりご理解がいただけたと思います。しかし、現在の高度な情報社会、とりわけインターネットの普及による映像情報の洪水とも言える、個人への情報の流れ込みという現実の中で、未来を生きる子どもたちには、情報の洪水に溺れることなく、意味ある情報をつかみだし、再編集し、創造的に発信することが求められます。もちろん、そんな能力の基礎となる脳のネットワークを形成するのが、絵本とその読み聞かせなのです。

さて、絵本とその読み聞かせによって、高度な情報操作・情報処理・情報発信の基礎トレーニングそのものができる夢のような絵本があります。それは、島田ゆかさんの「バムケロシリーズ」の絵本です。この絵本を大人が読み聞かせて、子どもに与えるだけで、高度な情報処理能力が形成されるのです！まさに夢の絵本です。

なぜそのようなことができるのでしょうか。「バムケロシリーズ」には、物語展開に直接関係しない、ことばで語られることのないサイドストーリーが複数展開しています。つまり、この語られることのない絵の物語を見つけ出し、絵と絵とを関連づけ、自分で物語をつけて語り出すことによって、情報処理・発信能力が形成されるのです。

また、「バムケロシリーズ」には、子どもが高度な能力を発揮できる絵の環境があるのです。まず、主人公の犬のバムもかえるのケロも、子どもが大好きな二頭身半です。バムは、白い顔に黒い節穴の目です。つまり、乳児期の母（養育者）の記憶イメージです。ケロは、バムよりはるかに小さく幼児のイメージです。この二人（匹）の正面顔が、絵本では珍しいコマ割の画面にたくさん描かれているのです。つまり、心が開かれ癒される顔いっぱいワールドなのです。

さらに、家具や色々な道具にも顔がかたどられています。また、家具には足や靴がついていたりします。つまり、顔手足いっぱいワールドなのです。このことで子どもたちは安心して絵の観察（探索）に集中することができます。この絵の環境の中で、愉快なストーリーが展開します。主体的な観察（探索）によって発見された小さなキャラクターや彼らが展開するサイドストーリーは、まず、子どもたちに発見の喜びを与えるでしょう。まさに、子どもの脳が活性化する絵の環境なのです。そのため、子どもは、絵と絵との関連を見つけ出し、ストーリーを作って語り出すという高度なことができるのです。

「バムケロシリーズ」の絵本は、主体的な映像情報の観察（探索）↓発見↓関連（関係）づけ↓物語化の活動を引き出す新たな可能性を持った絵本です。

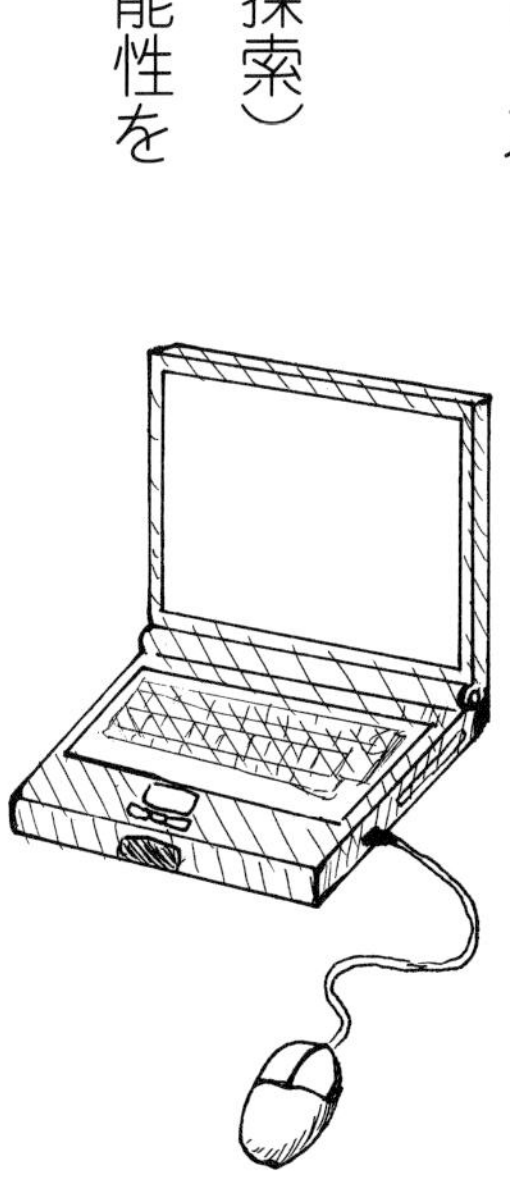

絵本のひみつ
33
『バムとケロのにちようび』のひみつ

島田ゆかさんの絵本「バムケロシリーズ」第1作は、『バムとケロのにちようび』(1994年 文溪堂)です。雨の日曜日、犬のバムとかえるのケロは、おやつのドーナツを作り、屋根裏部屋から本を取ってきて読もうとします。ただそれだけのお話です。しかし、そこにはひみつがいっぱいかくれています。

まず、表紙の題名をよく見てください。ドーナツでできています。では、本文を見ていきましょう。左のページで、ケロちゃんがちらかした部屋を、バムは片付けようとしています。ケロちゃんが食べていたポップコーンの袋を持ち上げると、ケロちゃんが袋の下から開けて食べたので、袋に残っていたポップコーンが床にこぼれてしまいました。片付けようとして、かえって散らかってしまったことが描かれているのです。右のページでは、バムがその散らかったポップコーンを、掃除機で吸い取ろうとするのですが、吸い口がポップコーンまでもう少しのところで、コードが伸びきってコンセントが抜けそうです。

また、テーブルの上に、ロシアの人形マトリョーシカがあります。これも顔いっぱいワールドに貢献しています。バムは、このマトリョーシカを片づけるのですが、片づけ終わったと思った瞬間、足元に一番小さなマトリョーシカ人形が落ちているのです。つまり、全部やり直しということが、絵で示されているのです。しかし、物語としては、説明されません。絵から自分で気づかなければならないのです。

さて、部屋には、海水浴をするバムとケロの絵が額に入って掛けられています。その絵は、4回登場しますが、4枚とも微妙に絵が違うのです。1枚目は、海の左に、サメのひれのようなものが小さく見えています。2枚目は、それが右に移動し、やや大きくなっています。3枚目は、その黒いひれのようなものは真ん中に移動し、さらに大きくなっています。それから4枚目は、絵本の最後に出てくるのですが、サメではなく、ペンギンが顔を出しています。

子どもは、ある日、この顔手足いっぱいワールドの中で、額の絵の変化に気づくのです。そして、「先生、先生、額の絵、ペンギンだったんだよ！」と報告に来るでしょう（観察（探索）→発見→関連（関係）づけ→物語化）。他にも、ドーナツが一つだけケロちゃんの顔型だったり、屋根裏のキューピィーちゃんの顔が変化していたりします。

さらに、かごに入れたねずみが逃げ出しているのですが、裏表紙では、また、かごに入れられています。かごはテープか何かで修理されています。また、裏表紙では、表紙で降っていた雨は止んでいます。そして、額の絵の木からは、りんごが3個地面に落ちているのです。

さあ、みなさんも『バムとケロのにちようび』のひみつを探してみませんか。

『バムとケロのにちようび』
（1994年　文溪堂）

絵本のひみつ
34

『バムとケロのそらのたび』のひみつ

島田ゆかさんの絵本「バムケロシリーズ」第2作は、『バムとケロのそらのたび』（1995年　文溪堂）です。月曜日の朝、バムのおじいちゃんから、80歳の誕生パーティーへの招待状と、組み立て式飛行機が届きます。バムとケロは、飛行機を組み立てて、おじいちゃんの家に向かいますが、途中には、色々なトラブルが…。

これもまず、表紙の題名をよく見てください。雲でできています。それから、絵本のカバーの折り返しには、絵本には無いもぐらの絵があります。もぐらは、丘の上の穴から、赤い配達の車を見ています。この絵は、絵本本体にはありませんから、要注意です。表紙の絵でバムはケロちゃんに何か言っています。何を言っていると思いますか?それは、「そんな大きな荷物は飛行機に積めないので、この小さなかばんにしなさい」と言っているのでしょう。「バムケロシリーズ」には、絵だけで語られる物語がたくさんあります。

さて、みなさんは、『バムとケロのにちようび』から登場しているスヌーピーのような小さな犬にお気づきでしょう。（幼児は、この犬探しから始めるかも知れません。）この犬は「ヤメピ」という名前です。『バムとケロのそらのたび』では、この犬のヤメピが大活躍?しています。特にりんごやまのほらあなにいた「しましま虫」とヤメピの友情は必見です。土曜日の夜、ヤメピは自分でかごを運んで、バムの飛行機とケロの飛行機とをつないでいるロープの真ん中に、自分が乗るかごを結びつけます。りんご山のトンネルで、緑のしましま虫が、ヤメピの乗るかごに落ちてきます。ヤメピはそのしましま虫と仲良く空の旅を続けます。しかし、かごから上半身を乗り出して海を見ていたヤメピは、大うみへびの出現に驚いて、かごから落ちてしまいます。それを口でくわえて助けたのが、しましま虫です。ヤメピは、しましま虫を抱きしめます。

他にも、雲がドーナツの形だったり、タマネギの形だったり…。りんご山のほらあなにいるしましま虫が、数字の形だったり…。ひみつが満載です。

さて、もぐらですが、裏表紙には、大きな荷物をたくさん受け取ったもぐらが描かれています。実は、もぐらは、組み立て式のジェット機を受け取っているのです。もぐらはそれを組み立てます。そして、バムとケロがおじいちゃんの家に到着した絵の左上には、白い飛行機雲を引く、赤いジェット機が描かれています。これにもぐらが乗っているのです。そのため、最後の絵の右角には、しっかりもぐらが描かれているのです。

しかし、最大のひみつは、途中に出てくる青いカバンを持った黄色い鳥です。これが分かったら、すっかり、バムケロおたくです。まずは、絵の中にさりげなく描き込まれている絵本『バムとケロのにちようび』を探してみてください。

『バムとケロのそらのたび』
（1995年　文溪堂）

絵本のひみつ
35
『バムとケロのさむいあさ』のひみつ

島田ゆかさんの絵本「バムケロシリーズ」第3作は、『バムとケロのさむいあさ』（1996年 文溪堂）です。火曜日の朝、バムとケロは、裏の池にスケートに出かけます。そこには、池と一緒に凍りついたアヒルが1羽！バムとケロは、アヒルを助けて家に帰りますが、次の日の朝…。

これもまず、表紙の題名をよく見てください。氷でできています。それから、表紙の絵の左上に描かれた立て札には、「ちゅうい！さむいひのよるは、いけのなかでてんたいかんそくをしないでね。」と書かれています。実は、表紙の絵は、本文の後日談になっているのです。

さて、みなさんは、『バムとケロのにちようび』から絵として登場し、『バムとケロのそらのたび』では、サイドストーリーの中で大活躍？している3本耳のうさぎのような動物にお気づきでしょうか？

その3本耳のうさぎのような動物は、おじぎちゃんです。途中に「おじぎちゃんすごろく」が出てくるし、裏表紙の小さな潜水艦にも〝OJIGI〟と書かれています。サイドストーリーの中で、おじぎちゃんは、草むらで落とした片方の赤い手袋を探しています。その手袋は、ちゃんと道に落ちていますよ。おじぎちゃんと一緒に探してみてください。

サイドストーリーとしては、親切なねずみも見過ごせません。アヒルのかいちゃんを助けようと、やかんを持ち出すのですが、お湯が熱くて池の氷が溶けてしまい、氷の下に沈んでしまいます。

また、『バムとケロのにちようび』に続いてお風呂の場面があります。その両方の絵をよく見比べてください。窓辺においてあるカメの入れ物に置いてあるカラフルな泡石けんの量が、『バムとケロのさむいあさ』では、ずいぶん減っていますよ！「バムケロシリーズ」は、シリーズの本をよく見比べることでいろいろな発見ができるように仕掛けられているのです。前に、小学校の先生から「バムケロの絵本を何冊も机の上に置いている子どもがいたので、なんて欲張りな子かと思っていましたが、その子はバムケロの楽しみ方を知っていたのですね。」というお話を聞いたことがあります。

他に、海水浴の額縁の絵の変化、『みんなでミイラ』の作者名など、要チェックです。さりげなく描かれた『バムとケロのにちようび』、『バムとケロのそらのたび』には、もうお気づきですね。

それと、次回作『かばんうりのガラゴ』が描かれているのは、とってもおしゃれだと思いませんか。他にもひみつがいっぱいです。

『バムとケロのさむいあさ』
（1996年　文溪堂）

絵本のひみつ 36

『バムとケロのおかいもの』のひみつ

島田ゆかさんの絵本「バムケロシリーズ」第4作は、『かばんうりのガラゴ』（1997年 文溪堂）ですが、『バムとケロのさむいあさ』の続編である『バムとケロのおかいもの』（1999年 文溪堂）のひみつを先にお話しします。

水曜日、今日は月に一度のお買い物の日、バムとケロは、かいちゃん、ヤメピ、おじぎちゃん、もぐらと一緒に、青いオープンカーで出発です。

さて、表紙は『バムとケロのさむいあさ』の冬から一転、夏模様です。題名は草の緑で描かれています。もうお気づきですか。ねずみの車が描かれていることに！もちろんこのねずみは、『バムとケロのさむいあさ』でやかんを池に落としたねずみです。果たして、本文中でねずみはやかんを買い、裏表紙では、しっかりやかんを積んで帰っています。

いきなりマニアックなひみつですが、洗面台にある歯磨きのチューブ、『バムとケロのさむいあさ』では「メロン味」だったんですが、『バムとケロのおかいもの』では、「イチゴ味」になっています。それから、ケロちゃんが着ている赤いベスト、かいちゃんが破ったので、しっかり背中が縫ってあります。

やおやさんの隣に、ハムスターのお店があります。赤い屋根のそのハムスターの家と思われるものの入り口のうえには、「ＴＯＲＡ」と書かれています。そうです。このハムスターは「とら」という名前です。「とら」と言えば、『バムとケロのさむいあさ』に出てきた『みんなでミイラ』の作者は「しまだとら」でした。この雑貨屋さんの「とら」こそ、『みんなでミイラ』の作者なのです。ハムスターのとらちゃんが、口から次々に商品を出す4分割画面の絵をよく見てください。左上に描かれた草が、少しずつ成長しているではありませんか！全く、「バムケロシリーズ」は、油断できません。

サイドストーリーとしては、ねずみの他に、ヤメピが、大きなねずみに注意しておきながら、自分がソフトクリームを落として、がっかりしているのは見ものです。ヤメピと言えば、このスヌーピーのような小さな犬が「ヤメピ」という名前であることは、この『バムとケロのおかいもの』に出てくる『ヤメピのすべて』という本が登場するまで、ひみつのままだったんです。

『バムとケロのおかいもの』
（1999年　文溪堂）

まだまだあります。バムが骨董屋さんで買ったおもちゃのロボット、おじぎちゃんが胸の赤いボタンを押すと、顔が光るんです！

他にも、いつものように、『バムとケロのにちようび』、『バムとケロのそらのたび』、『バムとケロのさむいあさ』がちゃんとありますよ。

しかし、最大のひみつは、絵本の最初で、サイドボードの写真立ての額の中のガラゴとおたまじゃくしでしょう。そのお話は、次の『かばんうりのガラゴ』でいたしましょう。

絵本のひみつ
37

『かばんうりのガラゴ』のひみつ

島田ゆかさんの絵本「バムケロシリーズ」第4作は、『かばんうりのガラゴ』(1997年　文溪堂)なのです。それで『バムとケロのさむいあさ』の後、続編である『バムとケロのおかいもの』を読むか、先に出た『かばんうりのガラゴ』を先に読むかは、悩むところです。

さるのガラゴは、旅するかばん売りです。色々なお客さんが、ガラゴから色々なかばんを買って帰ります。

一人っ子の子いぬは、かばんの兄弟をもらいます。実は、その子いぬとかばんの兄弟は、『バムとケロのおかいもの』に出てきています。そうです、道の真ん中で泣いていて、「まいご係」のおまわりさんにあめをもらっているのが、その子いぬです。左に目を移すと、お盆に4つのジュースをのせたかばんのいぬがいますよ。

ぞうは、いつでもお茶が飲めるかばんをもらいます。『バムとケロのおかいもの』には、〝ELE'S TEAROOM〟が描かれています。食器の模様に注目です。

しかし、『かばんうりのガラゴ』最大のひみつは、ガラゴを気に入ってしまって、一匹だけ残ったおたまじゃくしです。もうお気づきですか。このおたまじゃくしこそ、ケロちゃんなのです。

裏表紙の黄色い見返しを見て下さい。すいかをくり抜いた水槽には、ちゃんと〝Kero's House〟と書いてあります。そう言えば、おたまじゃくしのケロちゃんを置いていったかえるの服には、〝KM〟とありました。〝Kero's Mother〟ということでしょう。ガラゴのかばんのベッドにちゃんと『おたまじゃくしのかいかた』の本があるのは、さすがとしか言いようがありません。

これで、『バムとケロのおかいもの』の最大のひみつ、写真立ての額の中のガラゴとおたまじゃくしの謎が解ける訳です。ガラゴのかばん兼ベッドには、バムの写真が飾ってあります。つまり、ガラゴとバムとは親友なのです。ガラゴは旅するかばん売りです。旅に出なければなりません。そこで、ケロちゃんを親友のバムに預けたのではないでしょうか。ガラゴが眠ると、写真のバムも目を閉じて眠ります。

『かばんうりのガラゴ』
（1997年　文溪堂）

他にも、いくつもサイドストーリーが展開しています。おじぎちゃんがうきぶくろをヤメピのサングラスと交換し、サングラスをしましま虫のすいかと交換することや、カブト虫が、木から下りてきてスイカを取ることなどは、サイドストーリーの中でも、注目です。

お気づきかもしれませんが、ガラゴのかばんには、ちゃんとガラゴマークのタグが付いていますよ。

絵本のひみつ 38

『うちにかえったガラゴ』のひみつ

島田ゆかさんの絵本「バムケロシリーズ」第6作は、『うちにかえったガラゴ』（2002年　文溪堂）です。

寒い北風が吹くと、ガラゴのかばん屋さんは店じまいです。ガラゴは、雪が降る前に、急いで家に帰ります。そこへ、次々と友達が訪ねてきます。

表紙を見て下さい。誰かが、ドアをノックしています。ドアの鍵穴は、ガラコが売っているかばんに付いているタグのマークと同じ形です。

さて、家に帰るガラゴの左に描かれている後ろ姿は、『バムとケロのおかいもの』に出てきたイワトビペンギンの占い師です。ガラゴの後を、雑貨屋のハムスターがついてきています。プリンの山の左のふもとをよく見て下さい。何か見落としていませんか？

次に、ガラゴの家の写真立ての額に入っている、足のはえたおたまじゃくしのケロちゃんの写真は、必見です。ケロちゃんは、足のはえるころまでガラゴと暮らしていたのでしょうか。部屋の床の上には『バムとケロのにちようび』が落ちています。また、『バムとケロのおかいもの』のサイドストーリーで活躍した、一輪車に乗った「いまちゃん」の写真が額に入れて飾ってあります。

サイドストーリーとしては、ガラゴの家の玄関にある、まるい台の上の青いさるの動きは、油断できません。

ガラゴの後をついてきたハムスターが、口から出した物は、ガラゴの靴の形をした緑の手鏡です。後で、ガラゴのお風呂の壁に掛けてありますので、要チェックです。ハムスターのとらちゃんをはじめとして、『バムとケロのおかいもの』に登場したキャラクターが次々に訪ねてきます。ピーナッツ売りのらくちゃんのお土産は、やはりピーナッツですね。とこやのぷるどちゃんは、これも『バムとケロのおかいもの』に描かれていた「ねこかるた」です。こみみさんは、カレーがいっぱい入ったお鍋です。そのお鍋カバーは、『バムとケロのおかいもの』で、ちゃんと売られていましたね。

さて、表紙の手は、誰のだったのでしょう。それは、『バムとケロのさむいあさ』と同じ服装のバムの手だったんです。もちろんケロちゃんも一緒です。バムとケロが引っ張ってきたそりの上には大量のドーナツがあります。雪の上には、バムの足跡とそりの跡、それとそりから玄関までケロちゃんの足跡、そうです。ケロちゃんは、歩かずにずっとそりに乗っていたのです。そう言えば、前の見開きの絵の窓の外には、確かにそりの跡がついています。

裏表紙の見返しを見て下さい。郵便箱からは、訪ねてきたハムスターのとらちゃんやらくちゃんやバムやケロちゃんやおじぎちゃんの手紙が出てきます。みんなちゃんと手紙を出していたのです。

『うちにかえったガラゴ』
(2002年　文溪堂)

絵本のひみつ
39

『ぶーちゃんとおにいちゃん』のひみつ

島田ゆかさんの絵本「バムケロシリーズ」第6作の『うちにかえったガラゴ』（2002年　文溪堂）に続くのが、『ぶーちゃんとおにいちゃん』（2004年　白泉社）です。

バムによく似たお兄ちゃん犬の「ぼん」と、シリーズに出てきた子いぬに似た弟の犬の「ぶー」ちゃんとの兄弟愛あふれる？楽しいお話です。

「バムケロシリーズ」に出てきたグッズやキャラクターを見つけるだけでも、十分楽しめます。例えば、三日月に掛けてあるかばんには、ちゃんとガラゴのかばんのマークがついていますよ。また、お兄ちゃんが読んでいる動物図鑑のような本の写真の「ソレちゃん」は、『バムとケロのおかいもの』にいましたね。

もちろん、『ぶーちゃんとおにいちゃん』にも、これでもかというくらいに、語られることのないサイドストーリーが展開しています。みなさんはサイドストーリーをいくつ見つけられますか？

まず、「なかよしおえかきちょう」の絵をよく見て下さい。1回目、2回目、3回目、4回目と描かれる毎に、表紙の絵が変化しています。

三日月に掛けてあるかえるの人形が、揺れてサッカーボールを蹴りますよ。

鉢植えにとまっているコウモリは、三日月に移動して折りたたみ傘になります。それから、うろうろしている白いねずみ、実は「モッピー」（お兄ちゃんが見ている本に名前があります。）が、おもちゃ箱に閉じこめられます。なんとか脱出する瞬間を、ちゃんと見てあげて下さい。そういえばこの白いねずみの写真が、『バムとケロのおかいもの』に出てきていました。

まだまだチェックポイントはいっぱい！額の絵が「ガラゴのしっぽ」↓「ガラゴの青い靴」↓「ガラゴの赤い靴」と変化していたり、かいちゃんらしいアヒルが描かれた黒板の絵が変化したり、ベッドのふとんの模様が変わったり、『バムとケロのにちようび』の表紙と同じデザインのおもちゃ箱の窓に見えるキャラクターが次々変化したり…。子どもといっしょに楽しんで下さい。多分子どもの方がどんどん発見すると思います。島田ゆかさんの絵本は、本当に子どもの潜在能力を引き出し伸ばす夢の絵本です。

『ぶーちゃんとおにいちゃん』
（2004年　白泉社）

もちろん、絵本にサイドストーリーが描き込まれているのは、「バムケロシリーズ」の専売特許ではありません。林明子さんが絵を描いた『はじめてのおつかい』（筒井頼子・文　1976年　福音館書店）に、逃げたインコや迷い猫のサイドストーリーが展開しています。安野光雅さんの『旅の絵本』（1977年　福音館書店）のシリーズには、たくさんのサイドストーリーが描き込まれています。それをじっくり探すのも、絵本の楽しみ方の一つです。

絵本のひみつ
40

『かずのえほん』のひみつ

島田ゆかさんの絵本には「バムケロシリーズ」の他に、『かぞえておぼえる　かずのえほん』（1996年　鈴木出版）があります。幼児に数の概念を教える絵本です。絵本には、数の概念を教えることを目的とするものが多くあります。しかし、さすがは島田ゆかさん、「バムケロシリーズ」のキャラクターが登場していたり、説明されていないいたずらがいっぱいです。

例えば、4のところで、棚にタオルが4枚ずつ積んであったり、ハンガーに掛けてあるタオルの白い縞が4本だったりします。

5のところで、鏡に映っているのを合わせて、犬が5匹だったり、8のところで、時計の針は、10と2を指していて、10－2＝8とか。これは考えすぎでしょうか？とにかく、島田ゆかファンは、必携の1冊です。

もちろん数概念を教えるためだけに絵本を読むのではありませんが、宮西達也さんの『ぶたくんと100ぴきのおおかみ』（1991年　鈴木出版）は、宮西さんが、「どどどど　どどど…」とおおかみがぶたを追いかけるところで、「ちゃんとおおかみを100ぴき描きました。」とおっしゃっていました。ぜひ、お子さんと数えてみてください。

数概念を教えることができる絵本と言えば、『ゆかいなゆうびんやさん　おとぎかいどう自転車にのって』（ジャネット&アラン・アルバーグ作／佐野洋子訳　１９８７年　文化出版局）もお勧めです。これは、絵本の中から色々な手紙が出てくる仕掛け絵本です。最後の手紙は、８歳の誕生日を祝う手紙で、１ポンド札が同封されています。つまり、７歳までは、お菓子などを親に買ってもらう生活をしていたのが、８歳からは、自分のお小遣いで、お菓子などを自分で買うことが暗示されています。決められた月々のお小遣いで、お菓子などを買う生活は、子どもの数概念の形成や、金銭感覚の獲得のためには必要だと考えます。

　数概念の形成に関して、ぜひお伝えしたい絵本に『いちは　かたつむり　じゅうは　かに』（Ａ・Ｐ・セイヤー、Ｊ・セイヤーぶん／Ｒ・セシルえ／久山太市やく　２００４年　評論社）があります。この絵本は、足の数で、数概念を形成する絵本です。初めは、「1は　かたつむり。」「2は　にんげん。」…

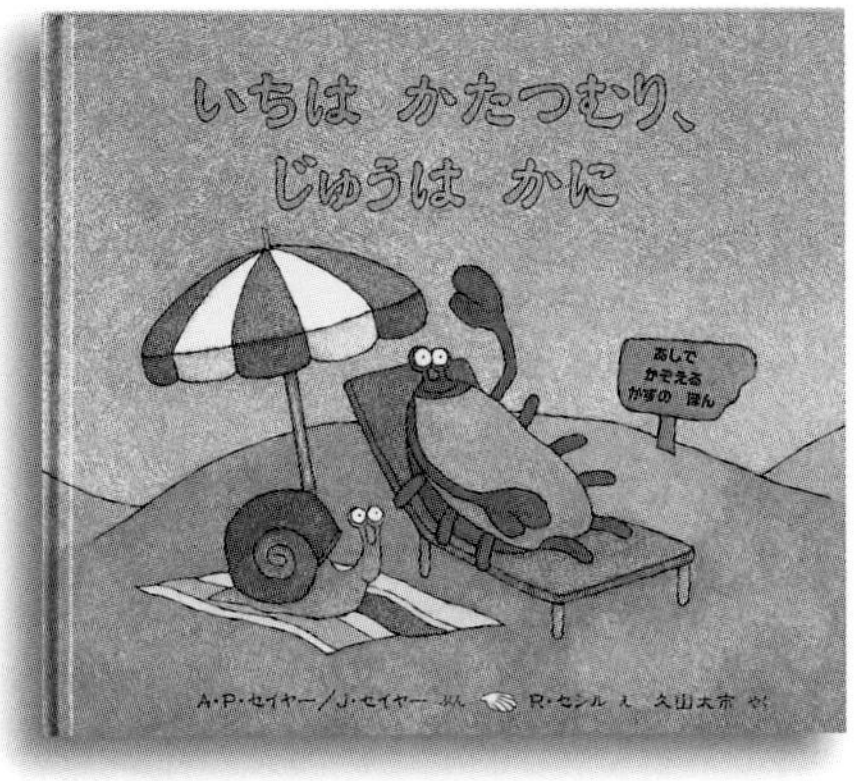

『いちは　かたつむり　じゅうは　かに』
（2004年　評論社）

ずっと進んで、「20は　かにが　にひき」、つまり、10×2＝20、かけ算が出てくるのです。さらに、「30は　かにが　さんびき…　か、にんげん　じゅうにんと　かに　いっぴき。」、つまり、2×10＋10＝30！かけ算と足し算を合わせた二段階の式が出てくるのです。この調子で１００まで行きます。

　楽観的な私は、小さい頃から、絵本『いちは　かたつむり　じゅうは　かに』を読み聞かせておけば、算数嫌いを予防できると思っています。

絵本のひみつ
41
絵本と高校野球

『本を読んで甲子園へいこう!』(2000年　ポプラ社)という本があります。著者の村上淳子さんは、もと中学校教師で、中学校における読み聞かせの実践で有名な方です。村上さんは、公立中学校長を退職後、静岡の常葉学園大学に再就職されました。その縁で、常葉学園橘高等学校の野球部に読み聞かせをするようになったのです。その野球部には、もと常葉学園菊川高等学校の野球部の監督を務めていた小林先生がいらっしゃいました。小林先生は、常葉菊川高校時代、甲子園への夢を果すことができませんでした。

「いったい自分の指導してきた野球は何だったのだろう。相手は確かに伝統ある名門校で、甲子園にも何回か出場している。だが、決して負ける相手ではなかった。力では十分にまさっていたのだ。それがあっけなく敗れたのは、いったいなぜなのだろう。選手たちのどこが足りなかったのだろう……。」(24ぺ)

小林先生は悩み抜かれたそうです。

「自分も人間教育をしたいと思うようになりました。/それには読書しかない。読書は人間形成に大きな影響をおよぼします。まず、読書で心を育てていくことだ。朝の練習はやめて、読書をしよう。そうして心を落ちつかせ、深く物事を考える人間をつくることだ。集中力をつけることだ。そうす

れば、むやみに長時間練習をしなくても、力はついてくるはずだと考えたのです。」（30ペ）

小林先生の依頼で、村上さんは、朝、野球部員に読み聞かせをするようになりました。最初は、絵本『ゆずちゃん』（肥田美代子・作／石倉欣二・絵　1995年　ポプラ社）だったそうです。それから、『ベロ出しチョンマ』（斎藤隆介・作／滝平二郎・絵　1974年　理論社フォア文庫）、『さっちゃんのまほうのて』（たばたせいいち　ほか作　1985年　偕成社）…と読み聞かせをされたそうです。

その夏、常葉橋高校は、ノーシードから勝ち上がり、県の決勝まで進出したというのです。現在の常葉橋高校の甲子園での活躍の礎を築いたのではないでしょうか。

読み聞かせと野球との関係について、高校生は語ります。

「ぼくもあったと思います。監督の指示を聞いて機械的に動いていたレベルから、聞いたことを頭で理解してしぜんに体が動くようになりましたから。」（137ペ）

子どもたちが自分の能力を思う存分に発揮できるように、スポーツを指導されている大人の方々にも、ぜひ絵本の読み聞かせをお勧めしたいと思います。

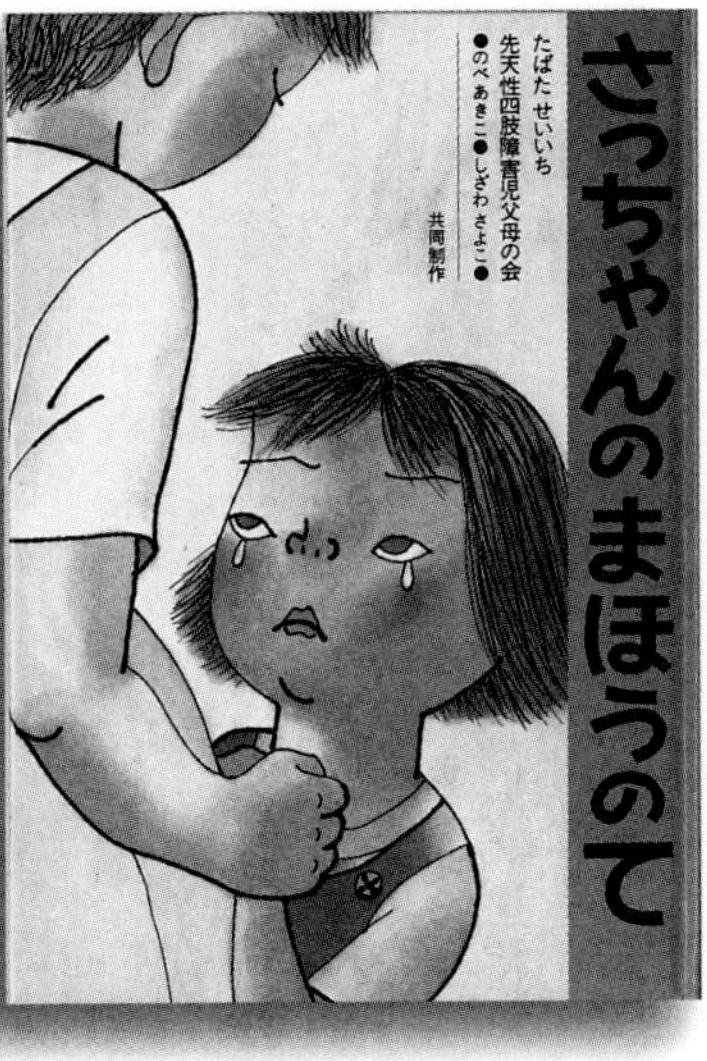

『さっちゃんのまほうのて』
（1985年　偕成社）

絵本のひみつ 42

裁ち落としとリーディングライン

絵本の中で、登場人物を大きく見せる手法が、「裁ち落とし」です。これは、登場人物の全身を描かず、画面からはみ出すように描く手法です。

例えば、「まるい大きな正面顔」でも扱った『にゃーご』（宮西達也作・絵　1997年　鈴木出版）のねこは、表紙からこの裁ち落としの手法で描かれ、その大きさが強調されています。

他には、『りんごがたべたいねずみくん』（作・なかえよしを／絵・上野紀子　1975年　ポプラ社）に出てくるぞうやさいが、裁ち落としの手法で描かれ大きさが強調されています。

また、『11ぴきのねことあほうどり』（馬場のぼる作・絵　1972年　こぐま社）では、11羽目の巨大なあほうどりが裁ち落としの手法で描かれています。

テレビや映画では、人物の顔をアップにする際、頭を映さないようにする裁ち落としによって、まるい大きな正面顔の効果を高めるカメラアングルがよくあります。韓流ドラマの流行以降、人物の顔のアップが増えたように思います。裁ち落としは、テレビや映画、アニメーションでもよく使われ、迫力ある画面で見る人を注目させ集中させるポピュラーな手法です。

次に「リーディングライン」とは、画面中央を斜めに横切る線のことです。視線を導く線ということです。画面中央を斜めに横切る線を描くことで、画面に緊張感が生まれ、聞き手（読者）を無意識のうちに絵に注目させ集中させる効果があります。イギリスの国旗ユニオンジャックは、リーディングラインを用いたデザインの典型でしょう。

絵本では、『にゃーご』の草原と空との境界が、リーディングラインになっています。しかも、その境界線の傾きを変えることで、緊張感を持たせたり、安定感を持たせたりしています。例えば、初めてねこが登場する場面では、境界線をかなり傾け、緊張感が感じられるように描かれています。

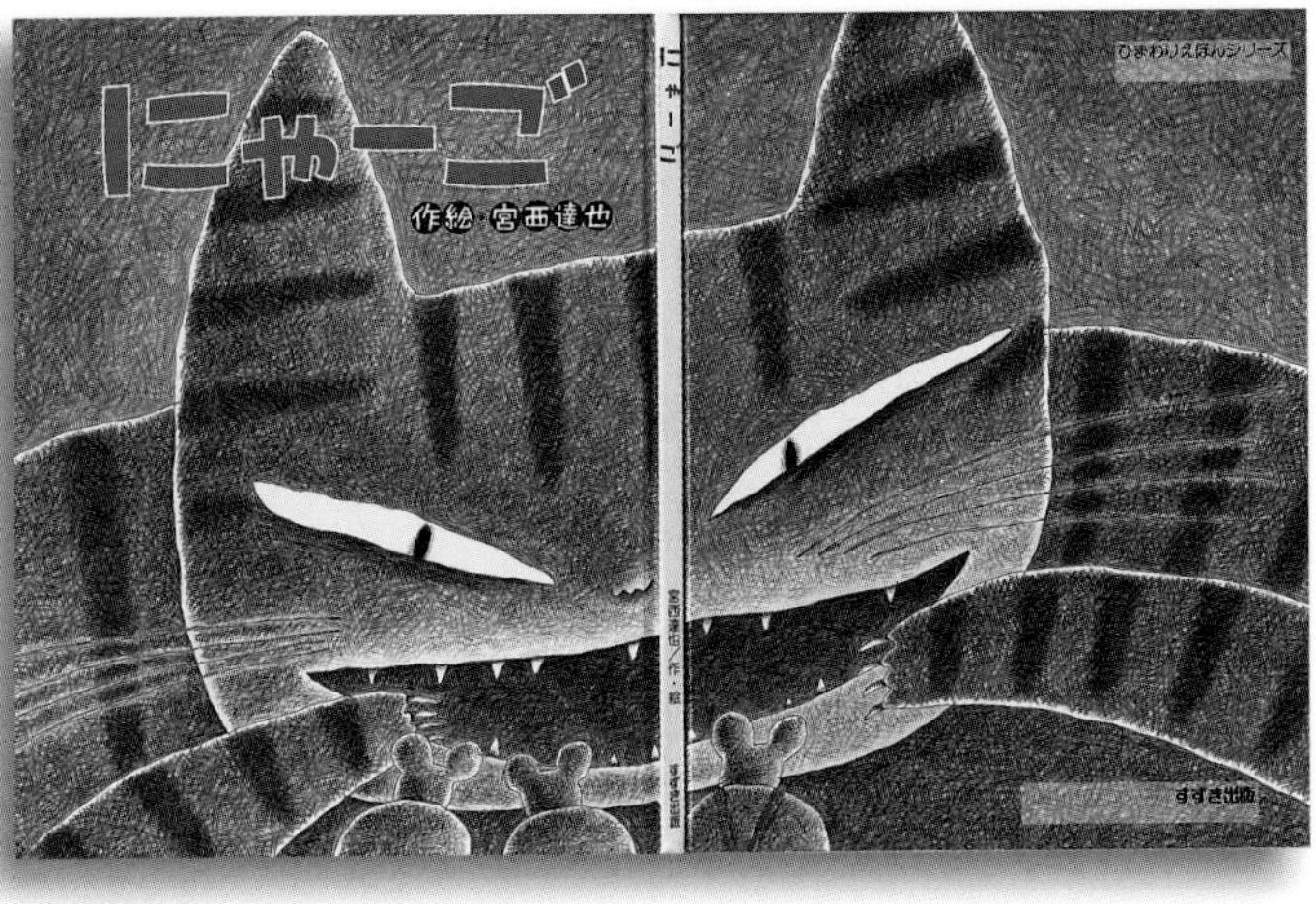

『にゃーご』
（1997年　鈴木出版）

『りんごがたべたいねずみくん』では、木を中心に、ぞうの鼻やきりんの首を強調し、リーディングラインを描くことで、同じパターンが繰り返されていても、聞き手（読者）が、絵本の画面に注目しやすくなっています。

リーディングラインは、写真家にとって撮影の基礎知識であり、絵画などの芸術的な分野から、交通標識などの日常的な分野まで様々な構図やデザインに幅広く利用されています。和服の前の合わせのラインもリーディングラインであり、日本人の動きをより美しく見せています。

「裁ち落とし」「リーディングライン」は、絵本においても、無意識のうちに聞き手（読者）を絵に注目させ集中させるひみつと言えます。

絵本のひみつ 43

物語の進行方向

以前に、人間の視点の基点が画面の左側（左上）であり、視線は左上からアルファベットのZ型に、右下に動くと書きました。従って、人間は下から上に動くものよりも、上から下に動くものを視覚的に捉えやすいと言えます。同時に、右から左に動くものより、左から右に動くものを視覚的に捉えやすいと言えます。そのため、信号やメーターの類も左から右に変わったり振れたりするものが多いのです。スポーツでは、野球の右バッターは左から右に動くボールを打つことになるのです。

絵本でも物語の進行方向は、左から右が基本になります。前に取り上げた『こんとあき』（林明子作・絵　1989年　福音館書店）の列車の進行方向は、基本的に左→右でした。しかし、こんが駅弁を買いに行ったまま戻って来ずに、あきがひとりぼっちになるという緊迫した場面で、列車の進行方向が、右→左に変えられていました。つまり、絵本の基本的な進行方向は左→右ですが、主人公によくないことが起こったり、主人公が不利な状況になったときには、物語の進行方向が右→左に変化するということです。進行方向の変化が、聞き手（読者）に違和感を感じさせるのでしょう。しかも、無意識のうちに感じさせるところが絵本をはじめとする映像メディアの特徴です。

これも前に何度か取り上げた絵本『かいじゅうたちのいるところ』（モーリス・センダック作／神宮輝夫訳　1975年　冨山房）のマックスの乗った船は、画面の左→右に進みます。それは、マストのてっぺんの旗の向きを見てもわかります。順調にかいじゅうたちのいるところに近づいていることは、マックスの笑顔を見てもわかります。しかし、いよいよかいじゅうたちのいるところへ近づいたところで、船の進行方向が変わります。船が右↓左に戻されているのです。それはマストのてっぺんの旗の向きの変化でわかります。マックスも困った表情をしています。しかし、また風向きが変わり、マックスは、かいじゅうたちのいるところに到着できます。かいじゅうたちのいるところからマックスが帰るときも、進行方向は左↓右です。

また、『11ぴきのねことあほうどり』（馬場のぼる作・絵　1972年　こぐま社）では、11羽のあほうどりが登場する場面から、物語の進行方向が右から左へ逆転するのです。つまり、有利な立場にあったねこが、不利な立場になることを暗示しているのです。

縦書きの絵本であっても、『りんごがたべたいねずみくん』（作・なかえよしを／絵・上野紀子　1975年　ポプラ社）の動物たちは左から登場しています。

物語の基本的な進行方向左↓右とその変化も、絵本のひみつのひとつです。

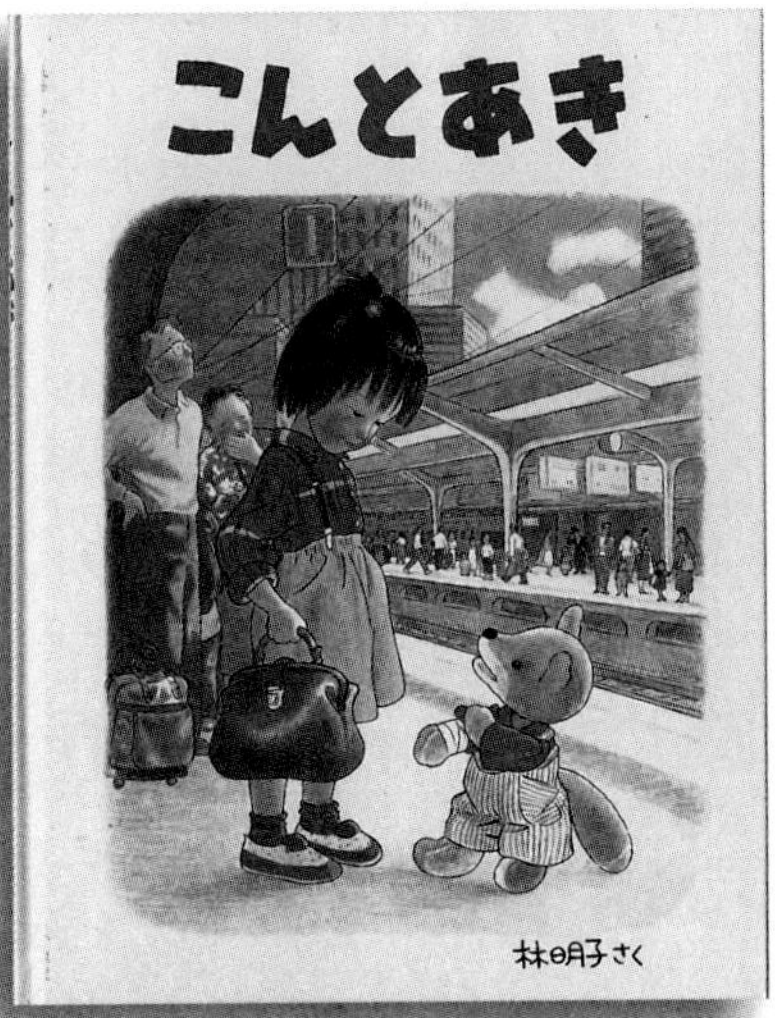

『こんとあき』
（1989年　福音館書店）

絵本のひみつ
44

文字と物語

「文字」も絵本の重要な要素です。『11ぴきのねことあほうどり』（馬場のぼる作・絵　1972年こぐま社）では、登場するあほうどりが大きくなるにつれて活字の数字も大きくなっています。巨大な11羽目のあほうどりが登場する場面では「11わあっ」と大きな活字が絵の中に配置されています。絵本の絵と文字とが、一体となって作品世界を作り上げている絵本がたくさんあります。

絵本『キツネ』（マーガレット・ワイルド文／ロン・ブルックス絵／寺岡襄訳　2001年　BL出版）の原作は、〝FOX〟です。原作者はその文字を敢えて左手で書いたそうです。その引っ掻いたような独特の字体は、片目の犬と羽をやけどしたかささぎときつねの愛憎物語（いわゆる三角関係）の葛藤や苦悩をみごとに象徴しています。日本語版の『キツネ』でもその字体はうまく再現されています。悪役のキツネが表紙に描かれ、題名にもなっている『キツネ』は、もちろん、大人向けの絵本です。

さて、本書では、ほとんどふれてきませんでしたが、絵本のことばによる「物語」も、当然、絵本の重要な要素です。絵本の読み聞かせが効果を発揮するのは、これまでお話してきた絵本モンタージュの様々な仕掛けと、育児（母親）語で語られる「物語」との相乗効果なのです。

『11ぴきのねことあほうどり』の物語には、「3ばと　3ばと　3ばと　2わ」というように「3ば」ということばが、繰り返し出てきます。いよいよ11羽のあほうどりの兄弟が登場する場面で、「1わ、

2わ、3ば、…」とまた「3ば」が出てきます。その時のあほうどりの絵に注目してください。1羽目のあほうどりは、両目が描かれています。2羽目のあほうどりは、片目しか描かれていません。3羽目のあほうどりは、片目しか描かれず、かつ目をつむっています。絵に注目している聞き手（読者）は、この絵の変化と、繰り返し用いられてきた「3ば」ということばによって、無意識のうちに物語の世界へ引き込まれていくのです。絵本とは、絵による右脳刺激とことばによる左脳刺激による同時刺激によって、無意識のうちに聞き手（読者）を深い鑑賞の世界に導く仕掛けなのです。

『キツネ』
（2001年　ＢＬ出版）

また、『りんごがたべたいねずみくん』（作・なかえよしを／絵・上野紀子　1975年　ポプラ社）には、「○○くんやって　きて　りんごをひとつ　とりました。／ぼくにも～　たらなあ」のように、あるパターンのことばの繰り返しが、繰り返し出てくるものがあります。それに対応する絵の繰り返しが、ねずみくんの世界へ聞き手（読者）を誘い込む仕掛けと言えます。このような絵と物語のパターンの繰り返しも、聞き手（読者）をその絵本の世界へ誘い込むひみつなのです。

絵本のひみつ 45

脳のネットワーク形成

人間の脳は、生後3年間に爆発的に成長するそうです。脳の重さは初め四〇〇グラムのものが、生後3年間で3倍近くに増加し平均一一〇〇グラムになります。3歳児の脳は、成人（一三〇〇〜一四〇〇グラム）の約80％の重さにもなるのだそうです。人間が人間として成長するために生後の3年間がいかに重要かがわかります。

特に私は、生まれて1年間が重要だと思います。生まれて1年で人間は、2足歩行を始め、ことばを発し始めるのですから。生後1年間の、まるい大きな正面顔の刺激、育児（母親）語の刺激、スキンシップの刺激、母乳の味覚の刺激、満腹感の刺激などが、十分保障されることが大切です。もちろん、特に3歳まで、絵本の読み聞かせを含め、おんぶなど適切な刺激が必要なのは、言うまでもありません。

「三つ子の魂百まで」は、脳の発達の点からも至言です。七五三で、男女ともに3歳でお宮参りするのは、我が子が人間として成長したことへの感謝の気持ちなのでしょう。

七五三では、次に5歳で男の子がお宮参りに行きます。これは、男の子が幼児から子どもへと発達することを喜ぶ行事です。精神発達の早い女の子は、3歳のときに済ませているのでしょう。

さて、7歳で女の子がお宮参りに行きます。振り袖を着せて、髪を上げることがあります。それは、大人の女性と同じ格好をさせることを意味しています。昔の人は、数え年7歳の女の子に「大人」を見ていたのです。

「大人」とは、いろいろな定義ができると思いますが、「責任感」のある人でしょう。昔の人々は、数え年7歳の女の子に「責任感」の芽生えを見いだしていたのです。7歳を過ぎた女の子に過剰期待や過干渉は禁物です。「責任感」によって、苦しんだり傷ついたりすることがあります。

女の子に勉強をさせるには、その「責任感」に訴えるのではなく、大人のしていることを「楽しく」まねさせるべきでしょう。

3歳を過ぎると、脳の重量増加は、ゆるやかになります。10歳から11歳くらいになると第2の成長期とも言える時期が来るそうです。ピアジェによれば、具体的操作期から形式的操作期に成長する時期です。大人と同じような抽象的思考が可能になるということは、つまり、脳の神経細胞のネットワークが、大人と同様のものとして形成されることを意味します。ですから、この第2の成長期にこそ、絵本を読み聞かせることで、左脳でことばを処理しながら、右脳で豊かなイメージを想起できる脳を、つまり、活字や数値といった抽象的な情報から、具体的に豊かなイメージを想起できる脳のネットワークを形成できるのです。私が最低11歳までは、絵本の読み聞かせを続けて欲しいと願う理由は、ここにもあります。もちろん、11歳を過ぎても、絵本の読み聞かせを止める必要はありません。

絵本のひみつ 46

音読の基礎　その一

絵本の読み聞かせをするには、当然、絵本を音読をしなければなりません。この音読ということに抵抗感や苦手意識をお持ちの方もいらっしゃると思います。私も、音読にはコンプレックスと言っていいほど苦手意識を感じていましたし、現在も感じています。しかし、絵本の読み聞かせの必要性に突き動かされて、絵本の読み聞かせ活動をしています。

今回は、苦手意識を克服し、絵本の読み聞かせを楽しむために、音読の基礎についてお話しします。

1、自分がわかるように音読する。

まず、間違えずに正しく音読しようとか、スラスラ流暢に音読しようという意識を捨てて下さい。とにかく、たどたどしくても、行きつ戻りつしながらでも、自分が分かるように、場面が理解できるように、描かれていない前後の様子が思い浮かぶように音読してください。

例えば、「ゆきのなかのこいぬ」ということばがあれば、具体的に雪の中をイメージしながら音読してください。「ゆきのなか」をイメージするとは、まず、雪はどれくらい積もっているかをイメージします。それから降る雪の強さはどの程度かをイメージします。「ゆきのなか」ということばのイメージとしては、積もっているが降っていないことも想定できるでしょう。次に、「こいぬ」（子犬、小犬）をイメージします。色は？大きさは？犬種は？とイメージを明確にします。正解はありません。作品のことばに基づく自分の想像の世界です。私は学生に音読させて、「こいぬは何色だった？」と意地悪な質問をします。ほとんどの学生は、その質問に答えることができません。なぜなら、学生たちは、音読とは、文字を正確に音にする行為だととらえているからです。

日本の学校では、何時の頃からか間違えずにスラスラ音読することを重視し過ぎてきたと思います。国語教育の名人だった芦田恵之助は、「緩読」を提案しています。そもそも、読むことは、自分の理解のためにあるのです。教室で指名されて音読するあの緊張感から子どもたちを解放し、自分が分かる喜びを感じる音読に転換したいと思います。そのために教師は、「間違えずに読めましたね」とか「スラスラ上手に読みましたね」というほめことばを捨てて、「○○君が、何度も読み間違ったので、文の内容がよくわかったわ！」とか、「○○さんが、そこを繰り返して読んでくれたので、大事な点がよくわかったわ！」というほめことばに転換する必要があります。

絵本には、もともと絵があります。それで、自分が分かるように、様子が思い浮かぶように音読する練習がしやすいのです。しっかり絵本の絵を見て、その場面のイメージを持って、息を吐き切るように音読してください。

絵本のひみつ 47

音読の基礎 その二

2、書いてある通りに音読する。

自分なりに理解しイメージが持てたら、次は、書いてある通りに音読してみましょう。宮西達也さんの『にゃーご』（1997年　鈴木出版）を例にします。

「いいですか、これが　ねこです。
この　かおを　みたら
すぐに　にげなさい
つかまったら　さいご、
あっと　いうまに　たべられて
しまいますよ」

ねずみの先生が、黒板に書いたねこの顔を指して、説明している場面です。「書いてある通りに音読してみてください。先生は、子どもたちに届く声で、言い聞かせるように声を張って「いいですか、」と話し始めているイメージです。その通りに音読すべきでしょう。

「お、おれの　うちには　こどもが　いる……」
ねこは　ちいさな　こえで　こたえました。

特に会話のところは、ねこの台詞として、小さな声のイメージで、ねずみたちに答えるよう音読しなければなりません。「……」も、もちろん音読（?）しなければいけませんよ!言いよどみ、沈黙の間です。つまり、登場人物の呼吸で読む。または、語り手や筆者の呼吸で音読するのです。

3、相手に届くように音読する。

どのように音読すれば、相手に届くのでしょうか?その極意は、相手の呼吸を自分の音読の呼吸に合わせてしまうことです。

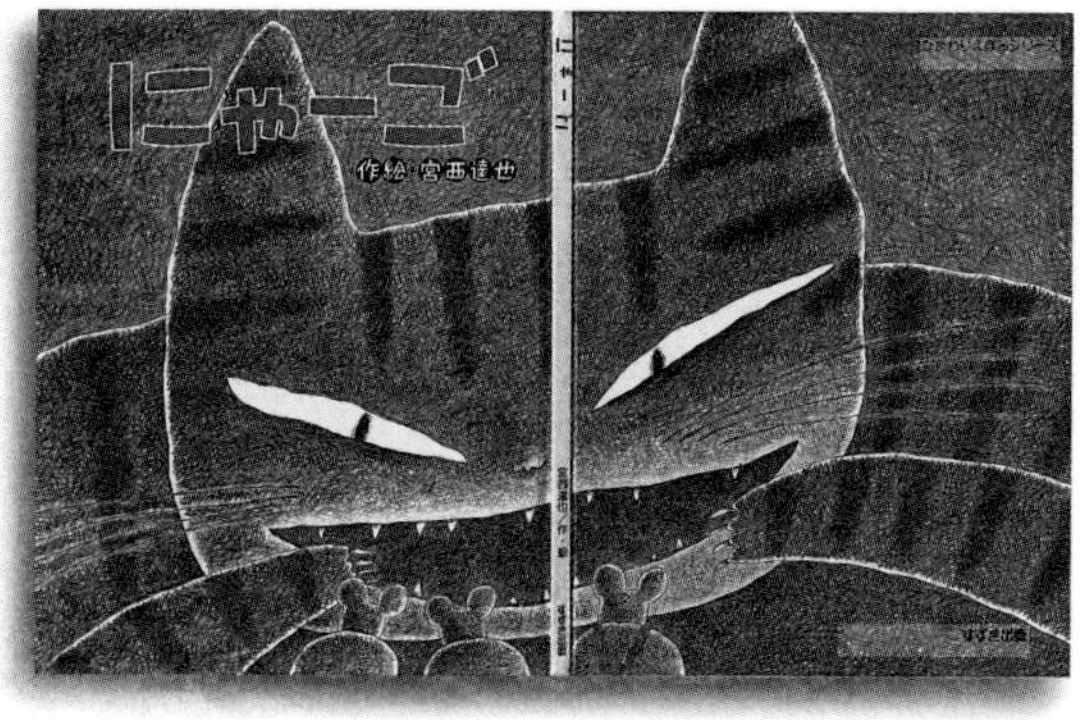

『にゃーご』
（1997年　鈴木出版）

悪用された例ですが、ヒトラーは、聴衆が静かになるまで演説を始めませんでした。全ての聴衆が息を呑んだ瞬間に演説を始めるのです。そうするとヒトラーの吐く息と聴衆の吐く息とが一緒になるのです。

一般には、間（ポーズ）をしっかり取ると、音読する人と聞く人との呼吸が合いやすくなります。しかし、自分がしっかりイメージを持って読めば、自然に間も十分に取れて、伝わる音読ができると思います。

絵本の音読は、音読のトレーニングにもなります。これもお得な絵本のひみつかな!?

絵本のひみつ 48

『だるまちゃんとてんぐちゃん』その一

私の一番好きな絵本は、『だるまちゃんとてんぐちゃん』（加古里子作・絵　福音館書店　1967年）です。『だるまちゃんとてんぐちゃん』が、絵本として一番優れているという意味ではありません。人は人と出会うことによって人として成長していくものです。人それぞれに、人それぞれの出会いがあり、大切な人も違います。絵本との出会いも同じです。その人にとって大切な絵本とは、その人とその絵本との出会いによって決まるものなのでしょう。

以前にも書きましたが、私が絵本に出会ったのは、中学二年生の時でした。理科の時間に理科の実験室で、若い女性の先生が私達生徒を教卓の周りに集めました。そこで先生が取り出したのが『だるまちゃんとてんぐちゃん』だったのです。私の絵本とその読み聞かせへの信頼とその効果に対する確信は、その時生まれたと言っても過言ではありません。しかも、『だるまちゃんとてんぐちゃん』は、実は素晴らしい絵本でもあったのです。私の絵本とその読みきかせとの出会いは、幸せなものでした。今回と次回と、『だるまちゃんとてんぐちゃん』がいかに優れた絵本なのかについてお話しします。

まず、『だるまちゃんとてんぐちゃん』の主人公だるまちゃんが、赤い体に白い顔であり、完璧な絵本キャラクターであることです。しかも、相手役のてんぐちゃんは、真っ白で主人公のだるまちゃんを引き立てます。赤は一番目立つ色であり、注目しやすい色です。赤い体で白い顔のだるまちゃんは、聞き手（読者）である子どもから、興味関心を引き出します。

次に、赤いだるまちゃんが、白いてんぐちゃんに対して、表紙以外全ての見開きにおいて左側に描かれることです。これは、聞き手（読者）を主人公のだるまちゃんに共感させ、子ども（だるまちゃん）の欲求を大人（だるまどん）が、全面的に肯定してくれるという感覚を味わわせる仕掛けになっているのです。同時に、友達（てんぐちゃん）が自分（だるまちゃん）を認めてくれるという感覚も味わうことになります。

『だるまちゃんとてんぐちゃん』
（1967年　福音館書店）

なぜ、表紙の配置だけが違うのでしょうか。それは、だるまちゃんが「じゃんけん」に負けているからです。つまり、不利な状況を表現する配置になっているのです。同時にだるまちゃんは片目しか描かれていません。これも、だるまちゃんが不利な状況、ストレスのある状況にあることを表現し、それを聞き手（読者）共感させる仕掛けなのです。そのストレスが、本文で解消される仕掛けなのです。表紙の「じゃんけん」以外にも、子どもたちに伝えたい伝統的な遊びが描き込まれていることも魅力です。「なわとび」、「おんぶ」、「ままごと」、「虫取り」、「電車ごっこ」です。その多くが、呼吸を合わせることを必要とする遊びであることも見逃せません。

絵本のひみつ 49

『だるまちゃんとてんぐちゃん』 その二

前回紹介したように、『だるまちゃんとてんぐちゃん』（加古里子作・絵　福音館書店　1967年）の最大の魅力は、白い大きな顔を持つ赤いだるまちゃんが、左側に描かれることです。今回はそれ以外の魅力について、さらに詳しく紹介します。

まず、だるまちゃん（子ども）の欲しいという欲求を、だるまどん（大人）が、肯定し受け入れていることです。だるまどんは、だるまちゃんの願いを叶えるために繰り返し努力します。しかも、だるまちゃんが、てんぐちゃんのような「鼻」が欲しいという無理を言ったとき、家族（三世代）が協力してその願いを実現させます。『だるまちゃんとてんぐちゃん』の魅力は、まさに大人が子どもの欲求を繰り返し肯定し受け入れてくれるところにあります。現実の生活の中では、大人が様々な要求を子どもにつきつけています。せめて、信頼する身近な大人に、この絵本を読み聞かせてもらうことができれば、子どもたちの癒しが実現するのではないでしょうか。

しかし、だるまちゃんは、だるまどんが出してきてくれたものに満足しません。だるまちゃんは、自分のまわりをよく観察してぴったりのものを発見し、よく考えて自分の欲求を満たしています。観察→思考→工夫によって自分の欲求を満たすことが、繰り返し示されているのも『だるまちゃんとてんぐちゃん』の大きな魅力です。だるまちゃんが発見するものは、てんぐちゃんに見せる前のページの絵の中にさりげなく描かれています。何度も読み聞かせてもらっているうちに、子どもたちは、だるまちゃんの観察→思考→工夫という内的過程を、シミュレーションできるようになります。

次に、てんぐちゃん（友だち）がだるまちゃんを認めてくれることも魅力です。子どもにとって、友だちに認められることは重要です。「ドラえもん」で言えば、できすぎ君のようなてんぐちゃんによって、だるまちゃんの、葉っぱのうちわや、お椀の帽子や、ままごと遊びのまな板の下駄は、賛辞をもって認められます。現実離れはしていますが、絵本の読み聞かせを聞いている子どもにとっては、至福の賛辞になるでしょう。

そのできすぎ君のようなてんぐちゃんが、だるまちゃんがおもちでできた鼻にとまったスズメを捕まえた時だけ、我を忘れてトンボを落としているところが描かれているのは必見です。

宇宙に一冊絵本を持って行くとすれば、私は迷わず『だるまちゃんとてんぐちゃん』を選びます。

絵本のひみつ 50

世界を救う五つの提案

自称、地球防衛軍絵本読み聞かせ隊隊長として、地球を救うための5つの提案をしたいと思います。

1. しっかり抱いて見つめ合い声をかける適切な授乳（母乳でも人工乳でも）

0歳から1歳まで、脳のネットワーク形成が爆発的に進むこの時期こそ、心地よいスキンシップの刺激と、まるい大きな正面顔の刺激と、育児（母親）語の刺激と、甘い味覚の刺激との同時刺激をしっかり与えたいものです。母乳でも人工乳でも同じです。

2. 「おんぶ」（母親に限らず誰がしてもよい）

前にも述べましたが、日本の伝統的子育ての方法に「おんぶ」があります。乳幼児は、「おんぶ」された背中で、心地よく眠りにつきます。実は赤ちゃんは、大人の背中で大人と呼吸を合わせる心地よさを味わっているのです。同時に、「おんぶ」は、非常にすぐれたスキンシップの方法でもあります。「おんぶ」で、他者と呼吸を合わせることが上手な心身ともに健康な子どもを育てることができます。

3. 乳児期からの絵本の読み聞かせ（最低11歳まで）

人間が人間として形成される、「授乳」・「おんぶ」と類似の刺激を構成しやすいのが「絵本の読み聞かせ」です。子どもを心身ともに健康に育てるために、ストレスや愛情の欠落をかかえている人を救済するために、絵本を読みましょう。もちろん自分自身の精神的健康のためにも絶大な効果があります。

自分に対しては鏡に向かって読むと効果的です。

4．できるだけ長い期間、たっぷりの「はいはい」

脊椎動物門の動物は、何億年もの進化の過程で、脊椎を大地と平行に使い、神経の通る脊椎やそのつなぎ目を地球の重力の負担から守るようにしてきました。何億年もの間、大地と水平に使うことを前提に進化してきた脊椎を垂直に立ててしまったのですから、不都合もたくさんあります。脊椎や骨盤のゆがみによる様々な症状です。その不都合を少しでも軽減するために乳児期の「はいはい」はとても大切です。赤ちゃんには、つかまり立ちや歩行の訓練を急がず、できるだけ長く「はいはい」をさせてください。大人はしっかり歩きましょう。

5．1日1回、骨盤体操

子どもも大人も、骨盤体操（足の振り上げ右×30回、左×30回／膝を出さない屈伸×20回／足を曲げ伸ばす腹筋×20回）を一日一回習慣にしてください。テレビで見てから、私も続けています。

この5点セットで、世界の子どもを救い、ひいては世界を救済することができると信じています。千里の道も一歩から！みなさん、1．適切な授乳　2．「おんぶ」　3．絵本の読み聞かせ　4．「はいはい」　5．骨盤体操で、世界を救いましょう。まずは、目の前の子どもたちに絵本の読み聞かせをすることから始めましょう。

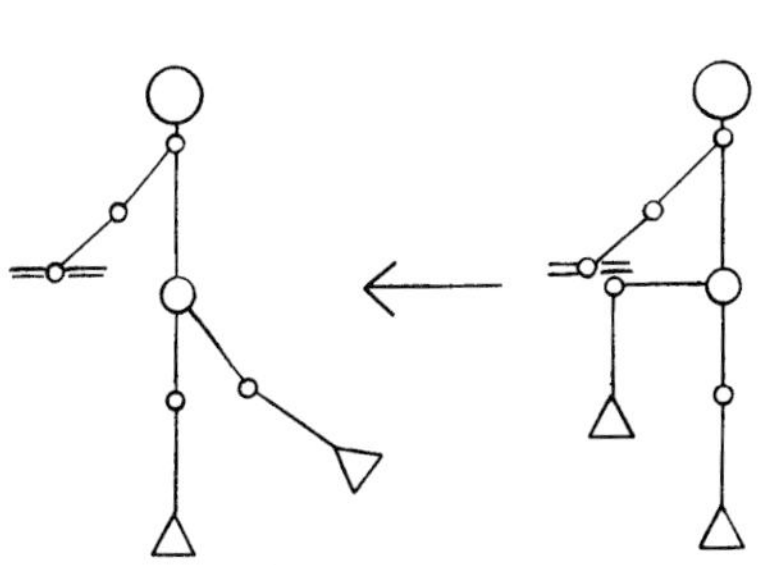

骨盤体操

おわりに

私は、小さなお子さんを持つ保護者の方にお話する機会に、次のようなアドバイスをしています。それは、お二人目のお子さんが生まれた時、お一人目のお子さんだけに絵本の読み聞かせをする時間を持つということです。お一人目のお子さんにとって、育ててくれる人との関係は絶対のものです。それがある日突然壊れたら…。そのショックを和らげ、育ててくれる人との関係が壊れていないことを確認するのが、お一人目のお子さんだけへの絵本の読み聞かせです。その際、お二人目のお子さんをだっこしたままなどというのはいけません。それは、お一人目のお子さんに対して、「あなたより大切なものができたのよ！」と見せつけることになりかねません。お二人目のお子さんを、ベビーベッドに寝かせるなどして、できれば、別の部屋で読んであげましょう。もし、幼児期に最も愛する人を奪い合った心の傷を負ってしまったら、どうなるでしょう。私が本書の冒頭で述べた、絵本の読み聞かせで目指す「自分自身の命を愛し、他者の命を愛する」という心的状態になるのは難しいかもしれません。

さて、「自分自身の命を愛し、他者の命を愛する」これは、この世界が存在し、命のバトンが自分に手渡され、自分が他者とともに、今、生きている事に対する感謝の気持ちです。このことは決して愛におぼれて何も見えなくなることではありません。逆に、あらゆるものを愛しているからこそ、そこに潜む悪を鋭く見抜き、注意深く拒むことが出来るのだと思います。未来を生きる子どもたちには、ぜひそうなって欲しいと願っているのです。

最後に、絵本の読み聞かせ会の開催でお世話になった賀川豊彦記念館で目にした、賀川豊彦氏のことばを引用させていただきます。

子供は大人よりえらひ
次の時代は子供のものだ
子供が地上に天国を造る

その、小さなそして偉大な一歩として、絵本を読みましょう！

付記

本書は、徳島新聞販売店マガジン「うずしおらいふ」に「絵本のひみつ」として連載しているものに訂正・加筆したものである。50回を超えて現在も続く連載をご許可いただいた徳島新聞販売局の皆様にお礼申し上げたい。

また、本書は、元鳴門教育大学学長高橋啓先生のご助言とお励ましによって、徳島新聞社より出版していただけることになった。高橋啓先生に深く感謝申し上げる。

なお、この度『絵本のひみつⅡ』を出版することになり、本文に若干の修正を加えた。『絵本のひみつ』が総論編、『絵本のひみつⅡ』が絵本ごとの各論編という位置づけにした。

参考文献

○松居　直著『絵本・ことばのよろこび』１９９５年6月　日本基督教団出版局
○山口真美著『赤ちゃんは顔をよむ　視覚と心の発達学』２００３年5月　紀伊國屋書店
○松本　猛著『絵本論―新しい芸術表現の可能性を求めて』１９８２年2月　岩崎書店
○大村はま著『大村はま国語教室6』１９８３年4月　筑摩書房
○ジム・トレリース著・亀井よし子訳『読み聞かせ　この素晴らしい世界』１９８７年12月　高文研
○藤本朝巳著『絵本はいかに描かれるか―表現の秘密―』１９９９年10月　日本エディタースクール出版部
○小島尚美編著『色の事典』２００２年4月　西東社
○岩井　寛著『色と形の深層心理』１９８６年1月　日本放送出版協会
○長谷川集平著『絵本づくりトレーニング』１９８８年10月　筑摩書房
○正高信男著『0歳児がことばを獲得するとき　行動学からのアプローチ』１９９３年6月　中央公論新社
○村中李衣著『読書療法から読みあいへ「場」としての絵本』１９９８年9月　教育出版
○門脇厚司著『子どもの社会力』１９９９年12月　岩波書店
○竹内敏晴著『教師のためのからだとことば考』１９９９年1月　筑摩書房
○ドロシー・バトラー著　百々佑利子訳『クシュラの奇跡』１９８４年5月　のら書房

■絵本リスト My BEST 105

1『だるまちゃんとてんぐちゃん』　加古里子　作・絵　1967年11月　福音館書店
2『にゃーご』　作絵・宮西達也　1997年2月5日　鈴木出版
3『ちいさなうさこちゃん』　ディック・ブルーナ　文・絵／いしいももこ　訳　1964年6月　福音館書店
4『はらぺこあおむし』　エリック・カール作／もりひさし訳　1989年2月改訂版　偕成社
5『りんごがたべたいねずみくん』　作・なかえよしお／絵・上野紀子　1975年5月　ポプラ社
6『ぐりとぐら』　なかがわりえこ　文　おおむらゆりこ　絵　1967年1月　福音館書店
7『がたん　ごとん　がたん　ごとん』　安西水丸　作　1987年6月　福音館書店
8『やさしいライオン』　やなせたかし　1975年1月　フレーベル館
9『あんぱんまん』　やなせたかし　1976年5月　フレーベル館
10『チリンのすず』　やなせたかし　1978年10月　フレーベル館
11『かいじゅうたちのいるところ』　モーリス・センダック　作／じんぐうてるお　訳　1975年12月　冨山房
12『11ぴきのねことあほうどり』　馬場のぼる　1972年11月　こぐま社
13『こんとあき』　林明子　作　1989年6月　福音館書店
14『100万回生きたねこ』　佐野洋子　作・絵　1977年10月　講談社
15『バムとケロのにちようび』　島田ゆか　作・絵　1994年9月　文溪堂

16『バムとケロのそらのたび』　島田ゆか　作・絵　1995年10月　文溪堂
17『バムとケロのさむいあさ』　島田ゆか　作・絵　1996年12月　文溪堂
18『バムとケロのおかいもの』　島田ゆか　作・絵　1999年2月　文溪堂
19『かばんうりのガラゴ』　島田ゆか　作・絵　1997年11月　文溪堂
20『うちにかえったガラゴ』　島田ゆか　作・絵　2002年6月　文溪堂
21『りんごがひとつ』　ふくだすぐる　作・絵　1996年5月　岩崎書店
22『いちは　かたつむり　じゅうは　かに』　A・P・セイヤー／J・P・セイヤー　文　R・セシル　絵
久山太市　訳　2004年4月　評論社
23『キツネ』　マーガレット・ワイルド　文　ロン・ブルックス　絵／寺岡　襄　訳　2001年10月　BL出版
24『でんしゃにのって』　とよたかずひこ　作・絵　1997年6月　アリス館
25『おにたのぼうし』　文・あまんきみこ／絵・いわさきちひろ　1969年7月　ポプラ社
26『パパお月さまとって！』　エリック＝カール　作／もりひさし　訳　1986年11月　偕成社
27『ぐるんぱのようちえん』　西内ミナミ　文／堀内誠一　絵　1965年5月　福音館書店
28『ともだちや』　内田麟太郎　作／降矢なな　絵　1998年1月　偕成社
29『めっきらもっきらどおんどん』　ふりやなな　画／長谷川摂子　作　1985年8月　福音館書店
30『にじいろのさかな』　マーカス・フィスター　作／谷川俊太郎　訳　1995年11月　講談社
31『おおきなおおきなおいも』　赤羽末吉　作・絵　1972年10月　福音館書店

32『おまえ　うまそうだな』　宮西達也　作・絵　2003年3月　ポプラ社
33『スイミー』　レオ＝レオニ／訳・谷川俊太郎　1969年　好学社
34『アレクサンダとぜんまいねずみ』　レオ＝レオニ／訳・谷川俊太郎　1975年　好学社
35『ぼちぼちいこか』　マイク＝セイラー　作／ロバート＝グロスマン　絵／いまえよしとも　訳　1980年7月　偕成社
36『木を植えた男』　ジャン・ジオン　原作／フレデリック・バック　絵／寺岡　襄　訳　1989年12月　あすなろ書房
37『青いヤドカリ』　村上康成　2001年6月　徳間書店
38『わにさんどきっ　はいしゃさんどきっ』　五味太郎　1984年5月　偕成社
39『ワニくんの　レインコート』　作・絵　みやざきひろかず　1989年6月　BL出版
40『ムンバ星人いただきます』　花くまゆうさく　作・絵　2003年4月　マガジンハウス
41『たんぽぽのこと』　竹内敏晴　文／長谷川集平　絵　1996年6月　温羅書房
42『たまごにいちゃん』　あきやまただし　作・絵　すずき出版　2001年7月
43『たまごねえちゃん』　あきやまただし　作・絵　すずき出版　2005年9月
44『おさるのまいにち』　作絵・いとうひろし　1991年5月　講談社
45『くれよんのくろくん』　なかやみわ　作・絵　2001年10月　童心社
46『しっぽ5まんえん』　清水敏伯　作／岡本颯子　絵　2001年6月　ポプラ社

47『ひさの星』　斉藤隆介　作／岩崎ちひろ　絵　1972年3月　岩崎書店
48『へんしんトンネル』　あきやまただし　作・絵　2002年9月　金の星社
49『そらまめくんのベッド』　なかやみわ　作・絵　1997年5月　福音館書店
50『せかいいちうつくしいぼくの村』　小林豊　作　1995年12月　ポプラ社
51『となりのせきのますだくん』　武田美穂　作・絵　1991年11月　ポプラ社
52『ゴンダールのやさしい光』　葉祥明　絵／みなみななみ　文　2001年10月　自由国民社
53『旅の絵本』　安野光雅　作　1977年4月　福音館書店
54『おとうさんはウルトラマン』　作・絵　みやにしたつや　1996年6月　学習研究社
55『かしこいビル』　ウィリアム・ニコルソン　作／松岡享子・吉田新一　訳　ペンギン社　1982年6月
56『からすたろう』　やしまたろう　文・絵　1979年5月　偕成社
57『ママがちいさかったころはね…』　ヴァレリー・ラロンド　作／クロディーヌ・デマルト　絵／
いしづちひろ　訳　2000年4月　フレーベル館
58『じごくのそうべえ』　田島征彦　作　1978年5月　童心社
59『とうちゃんのトンネル』　作・絵　原田泰治　1980年　ポプラ社
60『これはのみのぴこ』　谷川俊太郎　作／和田誠　絵　2005年4月　サンリード
61『いっきょく　いきまあぁす』　長谷川義史　作・絵　2005年8月　ＰＨＰ研究所
62『おじさんのかさ』　佐野洋子　1992年5月　講談社

63『オオカミのごちそう』 木村裕一 作／田島征三 絵 1999年4月 偕成社
64『だいじょうぶ だいじょうぶ』 いとうひろし 作・絵 1995年10月 講談社
65『ゆかいなゆうびんやさん』 ジャネット&アラン・アルバーグ 作／佐野洋子 訳 1987年10月 文化出版局
66『いないいないばあ』 松谷みよ子 文／瀬川康男 画 1967年4月 童心社
67『かたあしだちょうのエルフ』 おのきがく 文・絵 1970年10月 ポプラ社
68『サーカスのライオン』 川村たかし 文／さいとうひろゆき 絵 1972年12月 ポプラ社
69『ふたりはともだち』 アーノルド・ローベル 作／三木卓 訳 1972年11月 文化出版局
70『スーホの白い馬』 大塚勇三 再話／赤羽末吉 画 1967年10月 福音館書店
71『おとなになれなかった弟たちに…』 米倉斉加年 作 1983年11月 偕成社
72『すてきな三にんぐみ』 トミー=アンゲラー 作／いまえよしとも 訳 1969年12月 偕成社
73『どろぼうがっこう』 かこさとし 作 1973年3月 偕成社
74『ろくべえ まってろよ』 灰谷健次郎 作／長 新太 絵 1975年8月 文研出版
75『ガンピーさんのふなあそび』 ジョン・バーニンガム 作／みつよしなつや 訳 1976年9月 ほるぷ出版
76『ねこざかな』 作・絵 わたなべゆういち 1982年6月 フレーベル館
77『あのね、サンタの国ではね…』 黒井健 絵／嘉納純子 文 1990年12月 偕成社
78『八郎』 斎藤隆介 作／滝平二郎 画 1967年11月 福音館書店

79『どうぶつえんZOO』 アンソニー・ブラウン 作／藤本朝巳 訳 2003年5月 平凡社
80『まどから おくりもの』 五味太郎 作・絵 1983年11月 偕成社
81『おふろだいすき』 松岡享子 作／林 明子 絵 1982年4月 福音館書店
82『さるのせんせいと へびのかんごふさん』 穂高順也 ぶん／荒井良二 え 1999年11月 ビリケン出版
83『ありがとう、フォルカーせんせい』 パトリシア・ポラッコ 作・絵／香咲弥須子 訳 2001年12月 岩崎書店
84『島ひきおに』 山下明生 文 梶山俊夫 絵 1973年2月 偕成社
85『じゅげむ』 川端誠 作 1998年4月 クレヨンハウス
86『モチモチの木』 斉藤隆介 作 滝平二郎 絵 1971年11月 岩崎書店
87『こんにちワニ』 中川ひろたか 文 村上康成 絵 1999年10月 PHP研究所
88『手ぶくろを買いに』 新美南吉 作 黒井健 絵 1988年3月 偕成社
89『きょだいな きょだいな』 長谷川摂子 作 降矢なな 絵 1988年5月 福音館書店
90『おおきくなるっていうことは』 中川ひろたか 文 村上康成 絵 1999年1月 学習研究社
91『ぼくのおとうさんは はげだぞ』 そうまこうへい 1998年3月 架空社
92『ちびくろ・さんぼ』 文＝ヘレン・バンナーマン／絵＝フランク・ドビアス／訳＝光吉夏弥 2005年4月 瑞雲舎
93『三びきのこぶた』 イギリス昔話／瀬田貞二 訳／山田三郎 画 1967年4月1日 福音館書店

94『てぶくろ』　エウゲーニー・M・ラチョフ　絵／うちだりさこ　訳　1965年11月　福音館書店
95『かんがえるカエルくん』　いわむらかずお　作　1996年4月　福音館書店
96『ひとりぼっちのかいぶつといしのうさぎ』　クリス・ウォーメル　作・絵／吉上恭太　訳　2004年8月　徳間書店
97『かっくん』　クリスチャン・メルベイユ　文／ジョス・ゴフィン　絵／乙武洋匡　訳　2001年4月　講談社
98『はちうえはぼくにまかせて』　ジーン・ジオン　作／マーガレット・ブロイ・グレアム　絵／森比佐志　訳　1981年8月　ペンギン社
99『三びきのやぎのがらがらどん』　マーシャ・ブラウン　絵／瀬田貞二　訳　1965年7月　福音館書店
100『ほんとのおおきさ動物園』　2008年3月　学研教育出版
101『ぶーちゃんとおにいちゃん』　島田ゆか　2004年11月　白泉社
102『しょうぼうじどうしゃ　じぷた』　渡辺茂男　作／山本忠敬　絵　1966年6月10日　福音館書店
103『しろいうさぎとくろいうさぎ』　ガース・ウイリアムズ　作／まつおかきょうこ　訳　1965年6月1日　福音館書店
104『どろんこハリー』　ジーン・ジオン　文／マーガレット・ブロイ・グレアム　絵／渡辺茂男　訳　1964年3月　福音館書店
105『からすのパンやさん』　かこさとし　作　1969年9月　偕成社

著　者

1958年愛知県生まれ。広島大学大学院博士課程単位取得退学。鳴門教育大学大学院教授。国語教科書教材の研究や音読・朗読の研究に取り組んできたが、1995年頃から、絵本モンタージュ論に基づいた絵本の分析に取り組んでいる。2001年からは、絵本の読み聞かせの普及のために、学校等に出向いて絵本の読み聞かせを実践するとともに、絵本の仕掛けとその読み聞かせの効果について話している。

絵本のひみつ

発行日　2010年７月29日　初版発行
　　　　2019年10月29日　改訂第１版発行

定価：本体1,000円＋税

制　作　徳島新聞メディアお客さまセンター
著　者　余　郷　裕　次
発行者　武　富　和　彦
発行所　沖縄タイムス社
〒900-8678　那覇市久茂地２－２－２
電話（098）860-3591（出版部）

印刷・製本　東洋紙業株式会社
〒770-0847　徳島県徳島市幸町１丁目47番地３　スタッフクリエイトビル８階
TEL（088）679-1222

落丁・乱丁等がございましたら、沖縄タイムス社（出版部）までご連絡ください。

ISBN978-4-87127-267-4 C0037 ¥1000E